JN034056

実例で学ぶ
創造技法

日本創造学会 監修

髙橋誠 編著

日科技連

ま え が き

　あなたは、多様な組織で多彩な問題解決に取り組んでいらっしゃる方だと思います。またあなたは、仕事に活用する創造的な問題解決の技法、つまり「創造技法」を市販の関連本などで学んでいると思います。

　しかし、従来の関連書は技法の解説書がほとんどで、「各技法の現場での活用例」が載せられているものはほとんどありません。

　そこで、本書では各創造技法の解説において、前半で技法の概要や進め方を詳しく紹介し、後半で(企業や教育界など)社会の現場でそれぞれの技法が具体的に活用された例を、多数掲載するようにしました。

　こうした内容を解説する本書には、以下の専門性と独自性があります。

　　①　日本で唯一の創造性研究と教育の学会「日本創造学会」監修

　　②　編著者は日本創造学会の理事長や会長を経て、現在評議員長の創造技法研究の第一人者

　　③　執筆者は日本創造学会を中心に創造性や各技法の研究者

　また、本書の構成や内容では、以下のような特長をもたせました。

　　❶　各技法の記入法を統一し、読みやすく、わかりやすくした。

　　❷　新入社員でも理解できるよう、できるだけ専門用語を排除した。

　　❸　創造技法をすぐ活用できる実践書として、技法の紹介にとどまらず、実践例も豊富に紹介するようにした。

　本書を監修した日本創造学会は 1979 年に発足し、2018 年に 40 周年を迎えています。本学会は、創造性研究者の学会としては日本で唯一で、世界の中では米国の「Creative Education Foundation(1954 年創設)」に次ぐ歴史を誇ります。初代理事長は、問題解決の代表技法の KJ 法を考案した川喜田二郎氏で、現在の永井由佳里理事長は 14 代目です。

　日本創造学会の研究大会は、1979 年 10 月(第 1 回)以降、毎年 1 回開

催されています。また、多彩な講師を招いて隔月で開催する「クリエイティブ・サロン」という研究会は会員外まで門戸を広げています。

　日本創造学会では、学会員向けに「①ニューズレター（Newsletter）：1980年以降、毎年4回程度」「②研究大会発表論文集：1981年以降、現在まで」「③日本創造学会論文誌：毎年」を発行しています。

　また、一般の方にも書店で入手できる書籍として、『企業創造化への発想』（毎日コミュニケーションズ、1990年）のほか、『創造性研究』（共立出版）を1983年から1994年まで10号刊行しています。しかし、これ以降、一般向けの書籍は刊行していないので、本書は学会として四半世紀ぶりの一般向け書籍となります。

　本書の監修は日本創造学会ですので、まさに学会としての総力を挙げた書籍だといえます。編集委員には学会の理事長経験者に引き受けていただきました。さらに、執筆者のほとんどが学会の会員です。

　本書の企画は、日本創造学会理事長（第13代）の田村新吾氏が発案し、私（髙橋）が編著者となり、進めることになりました。私は日科技連出版社から編著者で『新編　創造力事典』（2002年）を、単著で『わかる！できる！　図解　問題解決の技法』（2019年）を刊行しています。その縁で本書の出版を戸羽節文社長にお願いすると、すぐ快諾していただきました。

　田村氏をはじめ、執筆者の皆様にはこの場を借りてお礼申し上げます。また、日本創造学会の皆様にもさまざまなご協力をいただきました。もちろん日科技連出版社の戸羽節文社長と本書を担当した田中延志氏には大変感謝しています。おかげさまで大変良い本ができました。

　どうか本書をあなたのお仕事に十分に活用してください。

　本書を手にとっていただき、どうもありがとうございました。

　2019年12月

編著者　髙橋　誠

本書の使い方

「まえがき」でも述べたように、本書は主要な創造技法を解説し、実践例を豊富に載せています。私たちは、読者の方々が社会のさまざまな現場で、本書の各技法を活用していただくことを第一に考えました。

ここでは、本書を仕事にどう活用するか、「本書の使い方」を解説します。

(1) 「創造技法」の分類から考える「本書の使い方」

私は、創造的な問題解決の技法を「創造技法」と名づけて、数百の創造技法を収集し分析しました。そしてそれらを以下の4種類に分類しました。

【創造技法の4分類】
① 発散技法：発散思考を用いて事実やアイデアを出す方法
② 収束技法：発散思考で出した事実やアイデアをまとめる方法
③ 統合技法：発散と収束を繰り返して行う方法で、発散技法と収束技法の両技法が含まれている技法
④ 態度技法：主に創造的態度を身につける方法

この分類方式は、私が『新編　創造力事典』(日科技連出版社、2002年)などで記述し、創造性関連の論文には数多く引用されています。これは、「創造技法を、思考の流れに沿って分類したもの」といえます。

本書で取り上げた技法の多くは、このなかの「発散技法」「収束技法」「統合技法」に分類されます。ただ本書では、「態度技法」は取り上げませんでしたが、その代わりに、企画を実現させる技法群を「実現技法」と名づけてまとめました。すると、「発散技法」「収束技法」「統合技法」「実現技法」という新しい4分類になります。

　本書には、主要な基本的技法を17技法取り上げています。そこで、「各技法を創造のどの場面で活用すべきか」を考え、上記の「新4分類」に分けると、次のようになります。

【創造技法の新4分類】

＜発散技法＞

　　Ⅰ．発想を日々の習慣にさせる法

　　「アイデアマラソン発想法」「セレンディピティ活用法」「アイデアスケッチ」「MIセオリー」

　　Ⅱ．ひらめきを誕生させる発想法

　　「ブレインストーミング」「ブレインライティング」「マインドマップ」「NM法」「行動観察」

＜収束技法＞＜統合技法＞

　　Ⅲ．アイデアを企画にまとめる技法

　　「KJ法」「TRIZ/USIT法」「FALO」「デザイン思考」

＜実現技法＞

　　Ⅳ．企画を実現させる技法

　　「企画書作成法」「フラット3」「ビジネスモデル・キャンバス」「目的工学ワークショップ」

　新4分類の技法を見ると、「それぞれの技法を問題解決のどの段階で活用すればよいか」が、よくわかるでしょう。例えば、「事実やアイデアを発想するとき」には第Ⅰ部と第Ⅱ部の技法を用いるとよいでしょう。「発想をまとめるとき」には第Ⅲ部の技法を用い、「実現を目指すとき」には第Ⅳ部の技法を用いるとよいといえます。

(2)　「ビジネス創造の5Pモデル」から見た本書の位置づけ

　創造的なビジネスを実践するために、学ぶべきことを、私は次頁の「ビジネス創造の5Pモデル」に、まとめています(図1)。

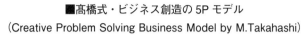

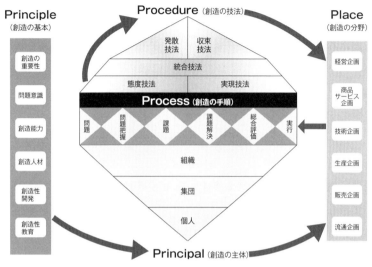

図1　5P モデルの体系図

① Principle（創造の基本）：創造を成すために、知っておくべき基本知識

② Principal（創造の主体）：その創造は、誰が主体でやるのか

③ Place（創造の分野）：その創造は、ビジネスのどの分野のどんな企画か

④ Process（創造の手順）：その創造は、どんなステップで行うか

⑤ Procedure（創造の技法）：その創造に、どの技法を用いるのか

　第1のPである Principle（創造の基本）の内容は、「創造の重要性」「問題意識」「創造能力」「創造人格」「創造性開発」「創造性教育」などです。ここで学ぶべき最大のポイントは、創造の重要さです。いかに AI の能力が高まっても、人間固有の創造性にはかないません。そこで、「創造力は知能よりも業績に相関がある」「創造的な思考は発散思考と収束思

考に分かれる」「発散と収束の思考を、問題解決場面では明確に分けることが大切」などを、まず知ってもらいたいのです。

　第2のPであるPrincipal（創造の主体）は「個人」「集団」「組織」などに分かれます。主体が何かによって、手順や使用する技法などが異なります。「創造する主体は誰か」を明確に決め、創造することがとても大切です。

　第3のPであるPlace（創造の分野）は、「経営」「商品・サービス」「技術」「生産」「販売」「流通」などの企画についてですが、創造はすべての分野で必須です。経理などの仕事は今後AIなどに奪われそうで、一見創造に関連なさそうに見えますが、企業財務の戦略的運用の仕事などは、まさしく創造の仕事です。

　第4のPであるProcess（創造の手順）ですが、個人と集団や組織では基本的な手順は異なります。個人ならどんな手順で行っても、たいして問題はありません。しかし集団の問題解決では、メンバー全員が手順を明確に理解する必要があります。組織全体の創造の手順となると、大変大がかりで複雑なものになります。

　第5のPであるProcedure（創造の技法）は、上記のとおり4分類になります。本書はこの第5のPを中心とした解説書です。あなたも本書で創造技法を学ぶ以外にも、第1から第4のPのキーワードに関連する知識を、関連書から学び、「5Pモデル」のサイクルをうまく回し、創造活動を充実させてください。

(3)　「創造性教育」に本書を活用する

　私はビジネス分野の創造性教育の仕事に、長年携わってきました。その対象は、新入社員から役員まで、部門は人事、営業、研究、技術、販売、物流などさまざまで、20万人以上の方々を対象にしてきました。これは創造性教育が、あらゆる階層・部門・職種に必要だという、一つ

の証拠だと思います。

　ここで創造性教育の主な対象と内容を挙げます。

　　1)　階層別の創造性教育とテーマ例

　　　①　新入社員教育：企画立案ワークショップ、創造性の開発演習、創造技法活用の会社案内作成など

　　　②　若手社員教育：問題解決演習、発想法演習、創造技法を活用したキャリア・プラン、職場の問題解決演習など

　　　③　管理者教育：管理者の創造力開発、自部門の問題解決ワークショップ、創造的な部下育成の研修など

　　　④　経営者教育：自社の創造経営の展開、経営戦略立案演習、次代の経営者育成講座など

　　2)　部門別の創造性教育とテーマ例

　　　①　事業開発部門：新規事業開発演習、新規事業ニーズ探索演習、自社シーズの活用演習など

　　　②　商品開発部門：新商品開発ワークショップ、新商品・新サービスのネーミング発想演習、創造技法演習など

　　　③　販売部門：販売戦略立案演習、販売対象分析演習、販売ルート開発演習など

　　　④　総務・人事部門：新人事システムの構築演習、管理部門の活性化演習、職場の問題解決ワークショップなど

　他にも「創造的会議の運営」など、創造性教育は多様な展開が考えられます。本書は、これら創造性教育のテキストに十分活用できると思います。ぜひあなたの組織でも本書を活用して、創造性教育を積極的に実施してください。

　社会や企業の現場で創造性教育や実践活動に携わるあなたにとり、本書が創造活動を効果的に楽しく実践するのに、役立てれば幸いです。

　　　　　　　　　　　　　　　　　　　　　　　　　（髙橋　誠）

実例で学ぶ創造技法　目次

第Ⅰ部

発想を
日々の習慣に
させる法

┌─────────────────────────┐
│   **第 1 章**   │
└─────────────────────────┘

アイデアマラソン発想法

―毎日発想し、書き留める自己啓発式蓄積型の発想法―

1. アイデアマラソンの概要

　アイデアマラソン(IMS)は、筆者の樋口健夫(博士(知識科学))が1984年に独自に考案開始した自己啓発式蓄積型の発想法です。継続による効果は絶大で、開始以来、考案者自身が、今日までほぼ毎日アイデアマラソンを継続しています。

　アイデアマラソンのルールは下記のとおり非常にシンプルです。

　　① 　毎日何かを思考し、ノートに簡単に書き留める。

　　② 　できるだけ絵を加える。

　　③ 　発想をレビューする。

　　④ 　まわりと相談する。

　　⑤ 　最良の発想を実行・実現する。

　アイデアマラソンとして推奨するノートは、A5サイズのルーズリーフです(図 1.1)。これなら、ノート紙面だけを取り外してスキャナーでスキャンして、発想をPDFデータ化できるので、電子的にバックアップできるからです。

　筆者がアイデアマラソンを開発したのは、もともと競争に勝つた

図 1.1　マルマンのファイルノートの写真

めでした。当時、筆者は商社の営業担当で、海外に駐在していました。激烈なる受注競争のなか、アイデアマラソンを通じて独自の作戦を考え、本社やメーカーに提案し、連続で受注を得ていったのです（図 1.2、図 1.3）。

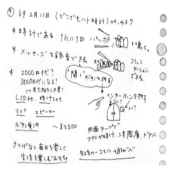

注）　左が 2009/2/11 に元タカラトミーアーツ社の遠藤氏がアイデアマラソンでつけた発想ノート。右は商品化されたもの（タカラトミーアーツ社ウェブサイト（https://www.takaratomy-arts.co.jp/specials/dokohato/）から転載。現在生産終了）。

図 1.2　アイデアマラソンの発想ノートと成果 1「どこでもハト時計」

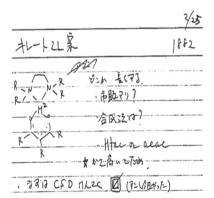
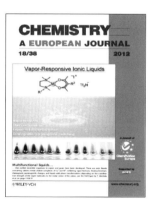

注）　左は神戸大学理学部化学科持田教授の発想ノート（2011/2/25）で、これをもとに右のように "Vapochromic Ionic Liquids from Metal-Chelate Complexes Exhibiting Reversible Changes in Color, Thermal and Magnetic Properties", Y. Funasako, T. Mochida, K. Takahashi, T. Sakurai, H. Ohta, *Chem. Eur. J.*, 2012, 18, 11929–11936. が掲載された。

図 1.3　アイデアマラソンの発想ノートと成果 2「論文掲載」

　以上の成功体験を経て、筆者はアイデアマラソンの継続を決めました。海外には家族を同伴していた当時、アイデアマラソンでは家庭教育や配偶者の自己啓発についても書き留めるなど、発想の領域を限定していませんでした。当時から続けてきたアイデアマラソンについて、多数の出版実績がありますが、これについてもすべてアイデアマラソンのノートに書き留めた結果です。

　日本帰国後は、アイデアマラソンが日本の教育改革や、発明・発見のあり方、国際競争力の強化に貢献すると考えて、アイデアマラソンの普及活動を強化し、関係書籍を多数出版しました(参考文献[1]〜[6])。

　商社を定年退職した後は、さまざまな企業で内定者・新入社員や一般社員向けの研修を行い、どれも効果を上げました。

　また、さまざまな大学での講義や研究の機会を通じてアイデアマラソンの重要性を訴えてきました。その結果、例えば、神戸大学理学部化学科の持田教授の研究室では、研究室の全員によるアイデアマラソンが続けられています。

　このような活動のなか、筆者は65歳で国立の北陸先端科学技術大学院大学の博士課程に入学し、研究を続け、68歳で「アイデアマラソンの継続実施の客観的効果(英文)」の論文で博士号を取得しました。

2.　アイデアマラソンの特色

　アイデアマラソンの最大の特色は、「毎日の実行が可能で蓄えられた発想数が日数に比例して増えていくこと」です。発想の領域を特に制限せず、毎日15分ほどで数個のアイデアを発想し、書き留め続けた発想の蓄積をレビューし、さまざまな活用を図ることは、他の発想法には見られない特色です。思いついても、書き留めないと忘れます。書き留めることで、発想を可視化できるので、その見直しや、さらなる活用ができるようになります。考えるべき課題を求めて考え続けることは、日常

的な思考よりも上位にあるメタ思考に近いものです。メタ思考を自主的に毎日長期間続けていくことで、脳の思考力を強化できるのです（**図 1.4**）。

アイデアマラソンを持続することで、創造力が鍛錬されます。つまり、課題を探索したり連想する力、物事の徴候を把握する力、瞬間的に発想を書き留める力、集中して思考する力、継続して思考する力などが強化されるのです。

課題が 1 つでも、それには多数の答えがあり、答えに至る道筋にはもっと多くの発想が求められま

注）　実際は、ノートがこの棚のさらに半分ほど別の棚にある。

図 1.4　樋口健夫のアイデアマラソンノートの棚

す。より良い答えにたどり着くためには、蓄積した多様な発想からベストの発想を選ぶ必要があります。

アイデアマラソンでアイデアをどんどん書き溜め、それぞれ見直すことで、最良の案を選択し、その実行・実現ができます。

自分の専門に限らず発想を求め、書き留めることで、関心の範囲が広まり、好奇心も高まります。書き留めた発想を後で見直すと、内容が極めて独創的だと気がつくこともあるのです。

毎日継続することで、ノートに書かれた発想を日ごとに増やすことができます。1 冊のノートが終われば、次のノートへ続きます。多数の発想ノートの蓄積が、あなたの知的財産（知恵の宝物）になるのです。

ちなみに、筆者は、2019 年 12 月現在、累計発想数約 50 万個を 500 冊のノートに記録しています。まさに継続は力なりです。

3.　アイデアマラソンの進め方

（1）　開始の仕方

　A5 の 20 穴ファイルノートとペンを用意しましょう。白紙のノートにペンで記すべき最初の内容は、開始するあなた自身の決意表明です。アイデアマラソンの開始と継続に欠かせない要素は、当事者自身のやる気なので、それを最初に高め、保つことは極めて重要です。

　アイデアマラソンでは、自分の人生や仕事を、自分の発想の蓄積を通じてより良く構築することを目指すので、「何のためにやるのか」を常に意識する必要があるのです。そのため、毎日の継続が命のアイデアマラソンでは、開始宣言は非常に重要です（**図 1.5**）。

（2）　何を発想すればよいのか

　アイデアマラソンでは、自分の専門分野・専攻分野の発想は即ノートに書き留めます。専門以外のことも、思いつけばすべて書き留めましょう。「私はできる限り自分の仕事に関係した発想を書きます」という人がいますが、毎日、自分の仕事や専門のことを考えようとしても、ストレスを感じてしまい、脳が思いつこうとしません。リラックスさせた脳に思考の海を泳がせると、いくらでも発想を出すようになるものです。

　脳は自分の仕事における発想の重要性を十分に知っています。思考を続けていると、あるとき、突然、仕事に関する画期的な妙案を出すことがあります。それがセレンディピティといわれる現象です。

　セレンディピティとは「何かを探していたら、もっと素晴らしい別のものを発見した」という意味の言葉です。近年のノーベル賞受賞者たちが、「自分の受賞はセレンディピティのおかげ」ということが多くなっています。ここで大事なのは「何かを探していたら」という点です。だからこそ、例えば**表 1.1** のようにして常にアイデアマラソンを続けていることが大切です。

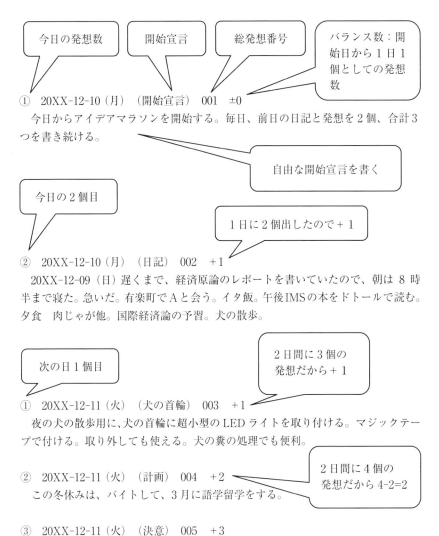

① 20XX-12-10（月）　（開始宣言）　001　±0
　今日からアイデアマラソンを開始する。毎日、前日の日記と発想を 2 個、合計 3 つを書き続ける。

② 20XX-12-10（月）　（日記）　002　+1
　20XX-12-09（日）遅くまで、経済原論のレポートを書いていたので、朝は 8 時半まで寝た。急いだ。有楽町で A と会う。イタ飯。午後 IMS の本をドトールで読む。夕食　肉じゃが他。国際経済論の予習。犬の散歩。

① 20XX-12-11（火）　（犬の首輪）　003　+1
　夜の犬の散歩用に、犬の首輪に超小型の LED ライトを取り付ける。マジックテープで付ける。取り外しても使える。犬の糞の処理でも便利。

② 20XX-12-11（火）　（計画）　004　+2
　この冬休みは、バイトして、3 月に語学留学をする。

③ 20XX-12-11（火）　（決意）　005　+3
　P 駅まで、バスに乗らずに早足で歩く。

図 1.5　開始宣言と発想の書き方(例)

(3)　いつ、どこで実行したらよいのか

　いつもアイデアマラソンのノートを携帯してください。発想はどこで

表 1.1 日常的にアイデアマラソンを続けていくやり方(例)

思考例	具体例
①夢を考えてみる	「すぐに実行実現可能な夢」「相当な努力の必要な夢」「現在のところでは実現は難しい夢」など、どのレベルの夢でも、すべて大切な発想です。 夢を書くことは、生きる意欲に良い影響を与えます。まずは書いてみることで実現の一歩を踏み出せます。楽しい夢を描けば、発想も楽しくなります。
②いろいろな計画を立ててみる	今日、明日、今週など直近の計画を考えることは誰にでもできます。このとき、計画の項目の一つひとつを丁寧に積み重ねていきます。数多くの計画があれば、その分、発想が増えていくからです。今年中の計画、来年の計画とどんどん広げていくとよいでしょう。 中長期の計画のなかで発想することは、とても大切です。特に5カ年計画は、計画発想の大黒柱になります。 例) 筆者の場合、例えば1980年に「1980-1984 第一次5カ年計画」を立てました。アイデアマラソンを始める前で、当時はサウジアラビアで生活していました。当時は「1985年までに本を出版すること」と「サウジアラビアで陶芸を開始すること」を計画しましたが、2つとも達成できました。また、2020年から始まる「第9次5カ年計画」では「私の人生計画」「家族全体の計画」すべてを5カ年計画として、アイデアマラソンに書き留めていきます。
③身の回りのものを考えてみる	年代にもよりますが、私たちの身の回りには、実に数多くのいろいろなものがあります。パソコン、タブレット、スマホ、プリンター、テレビ、デジカメ、時計、電子辞書、IC レコーダー、鞄、テーブル、冷蔵庫、洗濯機、台所用品などですが、これらはまだまだ改良の余地があるものばかりです。その一つひとつについて「この機能を付けてほしい」「こんなデザインが良いのに」「これは問題だ」など自分の意見を出すことは簡単です。このようにアイデアマラソンを長期間実行していると、自然と発明家になっていくのです。
④仕事の企画を立案してみる	3週間以内に特定の案件について企画を出すように指示されたら、あなたはどうしますか? これはアイデアマラソンの絶好の課題になります。アイデアマラソン式では、まず指示を受けた時点で思いつく発想をすべてノートに書き留め、それらの発想を元にまず企画書を作成してみるのです。これが第一次企画原稿になります。もちろん、この第一次企画案は、あまりに平凡かつ簡単すぎる内容であることはわかっています。そのまま提出することはできませんが、企画書を作れば「作った」という余裕が出てくるのです。その

表 1.1　つづき

思考例	具体例
④仕事の企画を 立案してみる	後も企画の発想をアイデアマラソンのノートに書き留め続けて、そのなかで面白いと思う発想を、気楽に話せる友人や専門家に相談してみるとよいでしょう。そして、第一次企画原稿を訂正し、第二次企画原稿を作成し、さまざまな場所でコーヒーでも飲みながら読み直すのです（紙で持ち運ぶとよいでしょう）。そのなかで青天の霹靂のごとく面白い着想が浮かぶかもしれません。提出期限から４日くらい前には第三次企画原稿を作成し、周囲に相談できればしてみて、微調整し、提出するとよいでしょう。
⑤ソフトウェア やコンセプト を発想してみ る	例）　ここ５年ほど、日本製の電子機器類の新製品は極端に少なくなってしまいました。パソコンも、スマートフォンも、タブレットも日本製品は元気がありません。雑誌を賑わせるのも中国製や韓国製などです。５年以上、毎日発想を書き留めてきた筆者ですが、そのような時代の流れは確実にここ５年間のノートの記述に影響を与えています。そのせいか、ノートを見返してみると、商品中心の発想から、ソフトウェアや考え方そのもの、あるいはエッセイのネタが中心になってきています。

出るか、またいつ出るか、わからないからです。余った時間に発想を出すのが基本です。10 分でも、15 分でも、あるいは喫茶店でコーヒーを飲みかけていても、ノートを取り出して、思考モードに入ることが重要です。電車の席に座っても、空港のゲートでも、機内でシートベルトを締めたときでも、ノートを取り出してください。

　起床後、お茶を飲みながらくつろぐ時間は、思考のベストタイミングです。寝る前にアイデアマラソンをすると、急速に眠気が襲うので寝る前にもおすすめです。筆者はアイデアマラソンを始めてから寝られないことがなくなりました。

　アイデアマラソンは、毎日の脳のストレッチでありフィットネスです。脳の思考力を高めると、ボケ防止になるだけでなく、長生きすることもできるのではないでしょうか。

（樋口健夫）

第2章

セレンディピティ活用法
―偶然から発見する力をつける―

1. セレンディピティの概要

　英国貴族にして小説家のホレース・ウォルポール(1717 〜 1797)は、1754 年 1 月 28 日づけの手紙で「セレンディピティ」という言葉を使いました。ウォルポールは、この造語で 16 世紀半ば欧州に伝わった寓話(参考文献 [9])にある、セレンディップ王国の 3 人の王子が旅先で問題が起きるたびに解決した能力「思いがけない発見をする才能」を指しました。彼の手紙では「王子たちは偶然と聡明さでいつも発見をしていた」と表現していますが、後世になって「セレンディピティ」は発見が生じるメカニズムを示唆する、として注目されることになりました。

　2000 年以上も前のギリシャ哲学でも「必然の領域は教えられるが、偶然は教えられない領域にあり、ここに気づきや発見が生起すること」は理解されてました。しかし、偶然からの発見のメカニズムが解明されることになったのは、ウォルポールの言葉がきっかけだといえます。

　1945 年に米国の社会学者ロバート・マートン(1910 〜 2003)は科学の進展過程を調査し、「当初の研究計画にはない、思いがけない偶然が科学を進展させてきたこと」を研究成果とともに、「セレンディピティ」という言葉を用いて発表しました(参考文献 [8])。

　発見に際した偶然のかかわりについては、ノーベル賞受賞者の「思いがけない偶然がきっかけになり研究が進んだ」という感想などに見られ、

マートンの研究成果でも科学的に確認されています。この偶然は、特定の文化に所属する人々が従ってきた常識やパラダイムを跳び出して、新しい試みをしたときに新しい発見が生起することに関連しています。

2.　セレンディピティの特色

(1)　偶然の作用力と聡明さ

　パラダイムは時代の主流として正しく機能しているのが通常で、新しい試行は失敗に終わることが多いのです。しかし稀には成功し、世の常識を変えるパラダイム・シフトが起こります。この場合、偶然の力は常識の拘束力を緩和する現行のパラダイムから "跳び出す力" です。ときに間違いや失敗と思われたことが、この "跳び出す力" となるのです。

　しかし一方で、偶然が生じたことに気づくには、その偶然に応じた聡明さが要求されます。ある現象が生じたとき、「通常の現象なのか、偶然に生じた異常な事象なのか」の判断は、対象となる専門領域への精通度合いで異なってきます。新しい発見が困難になる理由の 1 つは、このパラダイムに精通している人に、パラダイムに拘束されずに発想するという、矛盾する機能を求めていることにあります。そして、こうした矛盾をブレークスルーする役割が、偶然の作用力にあるといえます。

　一般的に「偶然の発見は予測できないゆえに、事前の努力が少なくて済む」と思われがちですが、科学史を振り返れば画期的な発見の背景に多くの努力があって、その積み重ねが偶然の発見につながったことが認められています。

(2)　発見のアルゴリズム

　かつて西洋哲学は演繹法(deduction)と帰納法(induction)という推論法を確立しました。しかし、それ以来、新しい発見への思考過程の扱いは 20 世紀半ばまで不十分であり、もっぱら発見された内容の正しさを

検証することがその領域とされていました。つまり、「発見がどのような過程でなされるか」はお手上げの状態だったのです。

　このような状況を打破したのは、プラグマティズム 1) の創始者チャールズ・サンダース・パース(1839 〜 1914)です。彼は発見の過程を順序立てて構築するため、古典的な演繹法(deduction)と帰納法(induction)による推論法に加え、第三の推論法・アブダクション(abduction)を提案しました。仮説推論法とも呼ばれるこの推論法は、いかにもプラグマティズムらしい発想で、現代でも日常的に私たちが行っている推論法です。

　日常的に私たちは、厳密な演繹法と帰納法ではなく、「これでよい」と判断した条件(仮説)を具体的な判断や行動の前提にしています。つまり、「前提となる条件(仮説)は、具体的な判断や行動の結果を検証することで正しいか否かを判断できる」というのが現行のパラダイムなのですが、これは効率的な判断過程であり、パースの構築した発見への過程でもあるのです。そこには具体的には以下のような論理があります。

〈パース：発見への過程にある論理〉

　　① 　A　　　　　〈前提条件は A である〉
　　② 　H ⊃ A　　　〈仮説 H が成り立てば、A が成り立つ〉
　　③ 　H　　　　　〈ゆえに H である〉

ただし、この論理式には「前件否定の誤り」「後件肯定の誤り」2)という古典的な三段論法の不完全さがあるため、発見された内容を十分に検証するためには、演繹法および帰納法を活用する必要があります。しかし、こうした不完全さを認めても、実用上の効率性を優先させた仮説推論法(アブダクション)を創案したことにパースの主張の意義があります。

_____

1) 『広辞苑(第四版)』による定義は以下のとおりです。
　「(事象を意味するギリシャ語 pragma から造った語)事象に即して具体的に考える立場で、観念の意味と真理性は、それを行動に移した結果の有効性いかんによって明らかにされるとする立場。主としてアメリカで唱えられ、パース・ジェームズ・デューイがその代表者。実用主義」

(3)　聡明さにおける察知の重要性

　ここではもう一度「聡明さ」を考察してみましょう。聡明さは知識にもとづく判断力で総合的なものですが、そのなかでも特に「察知する働き」が、発見にかかわる気づきやひらめきに対して、特に重要な役割を果たしていることが注目されています。

　察知力は発見に必要と理解されがちな洞察力と異なり、発見の初期段階で必要となる「発散思考」に好ましい働きをします。察知力は論理性をともなった洞察力とは違い、パラダイムの拘束力の影響を受けにくい特性があります。洞察力ばかりで物事の理解を進めてしまうと、初期段階で新しい発見に必要な要素を切り捨てることになりかねません。

　まずは「発散思考」の段階で、可能性の多くを収集することを優先し、察知した違和感を記録することが重要です。また、この次の段階で、これらの事象から考察できる多くの関連事象を組み合わせて、新しい仮説を立案することも重要になります。

　仮説は演繹法と帰納法を用いて論理的に検証し、発見した内容に再現性があることを確認します。しかし、検証できなくなる場合、検証作業を通して仮説の修正案が生じてくることが多くあります。このとき、さらに仮説の修正案を立案することで仮説と検証のサイクルが機能して発見のために多くの考察が進められます。

　また、発見のために何かを察知するためには、他の事象との関係性に

---

2)　一般的に「仮説 H が成り立てば、A が成り立つ」の前半部分は「前件」、後半部分は「後件」と呼ばれ、本例の最後のように、前件「仮説 H が成り立つ」が主張（肯定）される。正しい推論はこの前件肯定と後件否定（「前提条件 A が成り立たないならば、仮説 H は成り立たない」）のみで、次のような前件否定と後件肯定は誤った推論である（例は『広辞苑（第四版）』から）。

- 前件否定：例えば、「雨が降れば、路がぬれる」という常識的な推論と、「いまは雨は降っていない（事実）」（常識的な推論の前件否定）から「故に路はぬれていない」と推論すること。路は雨以外の原因でぬれる場合もあり、誤った推論。
- 後件肯定：例えば、「雨が降れば、路がぬれる」という常識的な推論と、「路が濡れている（事実）」（常識的な推論の後件肯定）から「故に雨が降った」と推論すること。路は雨以外の原因でぬれる場合もあり、誤った推論。

特定の意義を新たに見つけ出すことが重要です。つまり、1つの事象を観たとき、過去に観た他の事象との間に関連性を見つけ出せるように、過去の記憶を思い出しやすくすることが有効です。

しかし、脳の記憶の検索機能は不十分です。ヒントがあれば思い出せる記憶内容であっても、1つ目の事象を察知したとき、それに関連性がある事象を思い出せない状態であることが多いのです。このため、違和感を察知したときには、その内容をメモすることで、後で検索できるようにすることが有効です。適切にメモを残しておけば、学生時代の同窓会に出席したときに当時の多くの記憶がよみがえるように、何年経っても記憶を適切に呼び起こすことができます。

以上のように、セレンディピティにおける察知力の働きは、偶然とともに非常に大きいため、「セレンディピティ」の訳語には、偶然に際しての察知力という意味で筆者は「偶察力」がふさわしいと考えています。

3. セレンディピティの進め方

セレンディピティという才能は誰もが有し、これを向上させる方法論（メソドロジー）はいろいろ考えられます。以上で考察してきた偶然の発見を生起させるメカニズムをもとに以下、基本的な方法論を紹介します。

筆者はセレンディピティの基本を捉え、それぞれの専門領域や特質に合致した方法を開発することで、その多様性も活かせると考えています。このとき、セレンディピティを向上させる方法のなかで重視する事項を絞ってみると、以下の3つになります。

① 課題発見に関連する事象をなるべく多く察知しメモに記録する。

② 察知したメモには、発見のために仮説を立案する。

③ 仮説の検証段階では、必要に応じ修正仮説を立てて、仮説と検証による発見のためのサイクルを回す。

セレンディピティを向上しやすくできるように、筆者が開発したツー

ルが「セレンディピティ・カード」です。

　名刺大のカードに「記録年月日＋補助番号、テーマ、仮説、関連事項(5W＋1H)、備考」を記入したら、なるべく時間を使わないことを目指し、記録順に保管箱に入れて最初の段階は終了です。カードの収集を第一にするため、カードの管理は極端に手を抜くほうがよいのです。

　仮説立案の時点でカードを記入するので、内容をより記憶しやすくなります。課題に対応するためにカードを探し出す場合は、カードをめくりながら関連カードを探すので、その作業を通じて関連のないカードも見る機会ができ、より多くのテーマと関連する仮説を見直すことができます。この一見ムダにも思える作業のプロセスには、「セレンディピティ」を意識的に訓練する意味合いがあります。

　カードの収集枚数の目安は1日当たり10件程度です。これより多い場合は歓迎できますが、あまりに少ないとセレンディピティを楽しむ機会も少なくなります。もし書かない日があれば、その分より多く収集する日をつくることで、考える習慣のリズムをつくることが重要です。

　課題を内包的構造要素と外延的構造要素に分けて観察すると、課題に関連した事項を察知しやすくなります。ここで、内包的構造要素とは「課題の対象自体が有する要素で、その多くは対象の内部で観察される事象」です。また、外延的構造要素とは「課題の対象に関連する外部に生じる要素で、その多くは外部とのインターフェイスで観察される事象」です。

　仮説の立案では前提条件を明確化し断言するのが基本ですが、初期段階では仮説内容の妥当性をあまり重視する必要はありません。可能性について矛盾する2つの仮説を立てて、その違いを際立てるのも有効です。

　最後の詰めの段階が、発見を構築する仮説を検証する段階です。この検証で、発見した内容を演繹法と帰納法の推論を用いて確認することで、発見という行為が成立します。この際、検証できない場合は修正した仮説を立てて、さらに検証と発見のためのサイクルを回します。

　多数のカードを収集しても、そのすべてを検証する必要はありません。全体の1％さえ検証できなくても、すべてのカードに対して仮説を立案しておけば、保管後にその内容を思い出しやすく、他のカードとの関連づけをより有意義に行うことができます。

4.　セレンディピティの活用事例

　約50年前、筆者がセレンディピティという言葉に興味をもつきっかけになった、原体験といえる偶然の出来事を紹介します。

　1967年、翌年に控えたオリンピックのため、テレビの世界放映を目指していたメキシコで衛星通信地上局が建設されたときの話です。

　筆者が勤務していた三菱電機では、当時世界一の直径105フィートのパラボラアンテナを提案し受注に成功していました。スペイン語をかじっていた生産技術課所属の筆者は、プロジェクト・マネージャーの機械技術課長からこのアンテナの土木工事のサイト・マネージャーに任じられました。1カ月後、日本の三菱電機製作所から歓送されて、単身メキシコへの出発前に本社の担当専務に挨拶に行きました。彼の第一声は「若いのでは役に立たないから、すぐに交代しなさい」でした。しかし、たまたま付き添ってくれたプロジェクト・マネージャーが、「彼は優秀できちんとやれます」と長時間、専務を説得してくれたのです。これが第一に偶然性を感じた出来事です。このやりとりを横で見ていた筆者は、赴任先での職務の困難さを感じ、初めて当事者意識を自覚しました。

　メキシコ・シティに着き、駐在員事務所に挨拶した後、150kmほど離れた建設現場に単身で着任しました。すると、3週間ほど後、現場を視察にきた現地の運輸・通信省の土木工事コンサルタントと、下請の工事監督がスペイン語で言い争い始めたのです。入り込む余地もなく筆者は立ち尽くすしかありません。

　翌朝にはメキシコシティの運輸・通信省に呼び出され、筆者と工事監

督両方の資格剥奪と交代と、交代要員の到着までサイトに留まれと指示
されました。原因は、着工手続でコンサルタントを軽視したという感情
的なものだったようです。しかし、専務を説得してくれたプロジェク
ト・マネージャーのことを思えば、このまま素直に引き下がるわけにも
いきません。

　筆者は解決案を書き出し、事態打開へ向けて可能性のあることは何で
もしました。失職した工事監督の現場復帰という、自分の問題解決には
無関係に見えることもしました。筆者の未熟さから失職した可能性を考
え、当事者として知らぬ顔をできないと、シティの下請会社を訪問して
現場復帰を嘆願しました。しかし、これが武士道精神をもつ信頼できる
日本人との評価につながり、客先コンサルタントから突然、資格剥奪を
取り消されたのです。これが第二に偶然性を感じた出来事です。

　当時は単なる偶然に見えましたが、その後十数カ国で経験した数多く
のプロジェクトの課題解決過程でも、類似の事象が何度も発生しまし
た。それらでは、課題解決に関連する事項を広く収集することで思いが
けない解決が生じる、さらに解決策に関連する専門分野や文化の異なる
人々を巻き込めば、解決策に多様性が出るなどが共通していました。

　メキシコでの出来事から二十数年ほど後、筆者はセレンディピティと
いう言葉を知り、この科学的な解明に興味をもち、大学院後期博士課程
に入学して探究しました。そこでの学びから、セレンディピティが思い
がけない発見をもたらす科学的な裏づけを数多く確認でき、またその才
能を意図的に向上させることが可能だと理解できました。

　以上に挙げた筆者の例でも、新しい発見と同様に、日頃から多くの事
象に関心をもち、多くのメモを残して活用することで、多くの分野で思
いがけない偶然性に出会うことが理解できると思います。

（澤泉重一）

第 3 章

アイデアスケッチ
―頭の中のアイデアを 3 分で紙に書き出す―

1. アイデアスケッチの概要

　頭の中の未成熟なアイデアを紙に落とす方法が「アイデアスケッチ」です。この名称はいくつかの領域で使われていますが、本書ではブレインストーミングやアイデアワークをする人のための「アイデアスケッチ」について説明します。それには大きく分けて 2 つあります。

　最もシンプルなスタイルは「アイデアのタイトル＋アイデアの具体的な中身を 3 行で記述するもの」で、加藤昌治氏の著作(参考文献［10］)によるものです(以下、「標準版」)。もう 1 つのスタイルは標準版から発展したスタイルで、製品・サービスのアイデアを記述するのに便利な「企画の最小骨格 3 要素」の「誰」「何」「狙い」を備え、自然発生的に人々が使い始めたものを筆者が定式化した発展版です(以下、「発展版」)。

　どちらも「着想は頭の中にあるのに、どう書いていいかわからない」という人を対象に「書くハードルを下げ、数分で書いてもらえる」という効能があります。また、アウトプットする量も多すぎず少なすぎず、ほど良い情報量になるので、アイデアがより伝わりやすくなります。

2. アイデアスケッチの特色

　アイデアスケッチの特色は以下のとおり、「数分で書き上げられる」のに「使える場面はポストイットよりも幅広い」ところにあります。

（1）　数分で書き上げられる

　第一の特色は何といっても「数分で書き上げられる」点です。

　アイデアを記述する他の手法には、プロダクトの形状を精緻に表現するスケッチを描く「フォルムデザインの素描」や、ビジネスアイデアを記述する「ビジネスモデルキャンバス」がありますが、それらは描いたり書くのに、ある程度の作業時間（数十分〜数時間）が必要になります。

　こういった他の手法に対して、アイデアスケッチの作業時間は短時間で済みます。慣れてくると数十秒で書く人も出てきます。大量の発想が必要となるフェーズでは、これは大きな利点となります。

（2）　使える場面はポストイットよりも幅広い

　上記の利点について「ポストイットにアイデアを書くほうが早いのではないか？」と思われたかもしれません。しかし、ポストイットは紙面の小ささから自然とワンワードアイデアになってしまうのです。

　例えば、「新しい釣り具のアイデア出し」の場面で、「魚を周辺から追い込んで網で捕まえる、自動遊泳のドローン」という案（発言）の記述を、ポストイットでは「水中ドローン」と書く……といったことがよく起こります。しかし、こういったワンワードの記述では後で評価するときになって「あれ……。"水中ドローン"ってどういう意味だったっけ？」となることがよく起こるのです。

　大量にアイデアを扱うときには、書かれた内容の背景となる説明を、すべて記憶から呼び出すのは難しいものです。ネーミングのブレインストーミングのような場面ではポストイットでも差し支えありませんが、ある程度の構造をもったアイデアを記述するには狭すぎるのです。

　アイデアスケッチが使える分野は幅広く、ほとんどのアイデア・ワークショップや、ブレインストーミングの場で用いることができます。

3. アイデアスケッチの進め方

ここでは、手順・実施者・使用具・所要時間・改良例・今後の展開などについて、以下に説明します。

(1) アイデアスケッチの手順

アイデアスケッチの手順は非常に簡単です。

① A4の白紙とサインペンかマーカーを用意します。

② A4白紙を横長に置き、上から1/4ぐらいのところに横線を、太いマーカーで引きます。

③ 線より上に、大きな文字でアイデアのタイトルを書きます。

以上、①〜③をレイアウトしたものは図1.6のようになります。

④ タイトルは「一言でいうと、どんなアイデアなのか」を考えて、それを少しネーミングした感じのものにします。

例えば、「風呂で体を洗うのが面倒くさい」を起点に「人型のバスタブと高速回転する球体状のスポンジロボを作って、バスタ

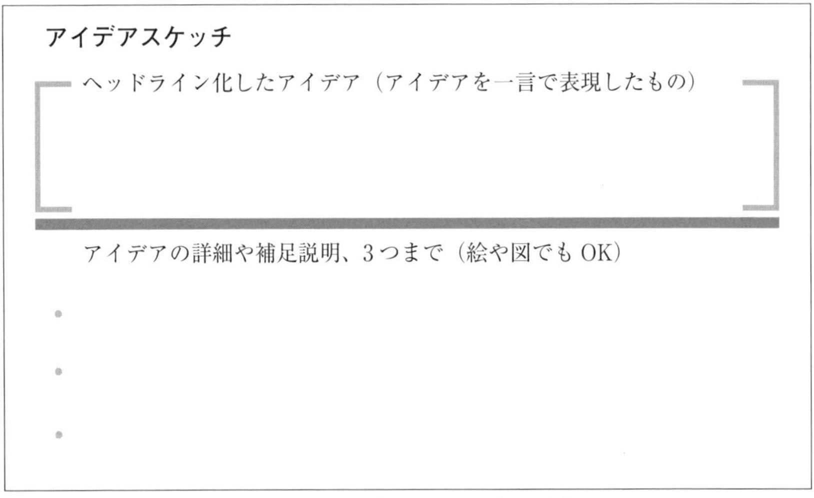

アイデアスケッチ

ヘッドライン化したアイデア（アイデアを一言で表現したもの）

アイデアの詳細や補足説明、3つまで（絵や図でもOK）

- ·
- ·
- ·

図1.6 アイデアスケッチ(標準版)

ブと人の間をスポンジロボがびゅーんと回転しながら移動して、全身を洗ってくれたらどうだろう」と想像した場合、タイトルは「全自動洗"人"機」といった感じにします。そういう言換えが浮かばない場合には「人型バスタブ＆スポンジロボ」でもよいのです。文章っぽくてもいいので、とりあえず書いてしまうことが重要です。それでも何も思い浮かばないときは、太いマーカーで引いた横線の下に思いつく限り詳細な説明を書くことから始めてみるのもありです。そうすればいい名称が浮かびます。

⑤　太いマーカーで引いた横線の下に箇条書きで3行のアイデア説明を書きます。「整理してから書かなきゃ」と思うと、心理的なハードルが高くなるので「要はこういうこと」と気楽に箇条書きしてみましょう。

(2)　アイデアスケッチを進めるコツ

アイデアスケッチを上手に進めるために、身につけたいコツがいくつかあります。それは以下のとおりです。

①　書いていくうちに、言いたいことが追加で思い浮かんで、4行になったりしても、そこで筆を止めず書いてしまいましょう。書き上げてから、別の紙に清書して3行に直してもいいですし、どんどん書き出すほうがいい局面なら、4行になったとしても気にせず書いてしまいます。

②　清書すると表現が変わり、それに応じてアイデアの中身も変わったりします。変化したアイデアのほうが良さそうに見えるものですが、これは類似した第2案として、最初の第1案とともに残すことをおすすめします。実は粗削りな第1案の表現（スケッチ）が、他の人の評価を集めることがよくあるからです。

③　文章よりも、図示したほうが表現しやすいと判断したなら、3

行説明の形式にとらわれず、図をメインにして、そこに短い説明
を3つ程度書き添えるという形式でも問題ありません。

④　アイデアスケッチはあくまでも「アイデアを書き出せない人が
うまく書き出せるための基本所作」なので、良い案がどんどん書
き出せるなら、形式にとらわれず書くのを優先してください。

(3)　アイデアスケッチの最低限の注意点

アイデアスケッチを書く際には、原則として形式にこだわらず自由に
記入してかまいませんが、最低限注意すべき点があります。

①　「太い横線」は最初に書いてください。

②　「細かい文字」「長文びっしり」は避けたほうがよいです。スケッ
チ（素描）のポイントは、「初期的なアイデアの輪郭を、文字だけ
でラフに表現すること」にあります。ラフに輪郭だけ素描できれ
ば、読み手も全容を一目でざっくりと把握できるのです。

これが「細かい文字」「長文びっしり」だときちんと推敲して
もいない限り、読み手には伝わりにくく、たとえアイデアの本質
が良くても評価してもらえません。また、細かい部分まで素描の
段階で描いてしまうと後の修正・発展も難しくなります。

(4)　アイデアスケッチの「発展版」

企画にはさまざまなレベルの詳細度がありますが、そのなかでも削り
に削ったミニマムな「企画の最小骨格」は、3つの要素「誰に」「何を」「狙
い」から構成されます。

1)　アイデアスケッチの3要素の書き方

「太い横線」の下のスペースに「誰に」「何を」「狙い」を箇条書
きで書きます。箇条書きでは書きにくい場合は、その3要素が入る
ように意識して書けば形式にこだわらなくても結構です。

① 誰に：その商品の主な利用者は誰か

② 何を：商品(やサービス)の具体的な記述

　少し長くても OK です。これは、図示したほうがわかりやすい項目ですので、広めにとって絵を描く、図を書くのもよいでしょう。**図1.7** はフォーマットの例です。

③ 狙い：あなたがそのアイデアを通じて、狙っているもの

　具体的には、その商品が顧客に与える「便益」だったり、顧客がお金を出してまで欲しいと思う「理由」だったりしますが、「切り口」を書いても結構です。「誰に」「何を」はアイデアを具体化した部分で、それらは練り上げるときに修正を受けていくものです。一方で、「切り口」とはアイデアを抽象化した部分です。

2) アイデアスケッチの3要素の具体例

　上記でも挙げた「魚を周辺から追い込んで網で捕まえる、自動遊

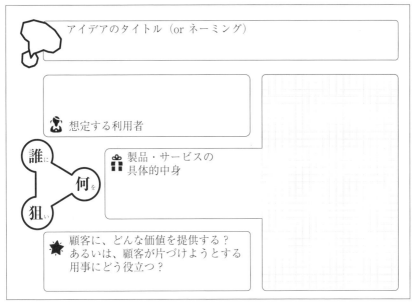

図1.7　アイデアスケッチ「発展版」のフォーマット(例)

泳のドローン」(水中ドローン)の例なら3要素は以下のとおりです。

❶ 誰に：数十分で確実に魚を釣り、持ち帰って夕飯のおかずにしたい人

❷ 何を：周辺100 mぐらいを回遊するドローン。魚を追い立てる光や音を発して、徐々に網に魚を追い込んでいく。

❸ 狙い：魚との勝負の時間を欲する人向けの道具ではなく、魚を欲する人向けの道具

「狙い(切り口)」には「誰に」と「何を」が含まれていなくてもよいのです。具体化するものは何であれ、「このアイデアの狙いとするものは"これだ！"」を書くのです。これは、「このアイデアは"誰"向けで、"何"なのかはわかった。でも要は何が狙いなの？」という質問がされたときに答えるべき一言に相当します。

4. アイデアスケッチの活用事例

筆者が担当している早稲田大学人間科学部のデザイン論の講義(参加者200名超)でも、学生にアイデアスケッチを活用してもらいました。

このときの発想のお題は「全員が心地よくできる、あるいは効果的なグループワークの方式を考案しよう」で、「新しい道具を開発し使用する前提でもOK」としました。各自1枚描いた後、10分間の時間をとり、各自が好きに魅力度の高いと感じたものに、☆を打っています。

こうして200名超の学生が作成したなかでも上位の案は、**図1.8〜図1.11**のとおりになります。

図1.8はシンプルに「詳細3つ」かつ「文字だけ」(「標準版」のスタイル)で書かれています。

図1.9は「誰に」「何を」と「Goal」と表現された「狙い」で構成される「発展版」のスタイルで書かれ、絵も入り、説明量も理想的です。

図1.10のアイデアスケッチは絵をメインにした例で、補足的に「誰に」

図 1.8　「標準版」の例 　　　　　　　図 1.9　「発展版」の例

図 1.10　図メインの例　　　　　　　図 1.11　長文記述の例

「何を」「狙い」が記されています。

　図 1.11 のアイデアスケッチは、「発展版」の要素を用いたやや長文の
ものです。「詳細３つ」はあくまで目安で、面白いアイデアの表現が主
目的になり、これぐらいの書き方をしてもまったく問題ありません。

（石井力重）

第4章

MI セオリー

―ハーバードの多重知能理論を応用した思考法―

1. MI セオリーの概要

　本章で解説する MI セオリーは、自分の強みを見出し、その可能性を最大限に追求する第一歩を踏み出す助けになるものです。

　"If I believe I cannot do something, it makes me incapable of doing it. But when I believe I can, then I acquire the ability to do it, even if I did not have the ability in the beginning"(Mahatma Gandhi)

　「(何かをしようとしたときに)もし、できないと思い込んでしまったら、それをする能力を自ら失うことになる。しかし、できると信じれば、それをする能力を得ることになるのだ。たとえはじめはその能力がなかったとしても。」

　このマハトマ・ガンジー(1869 ～ 1948)の言葉は、「人の能力が発揮されるかどうかは、その能力を信じる本人のそれを成し遂げたいと思う力による」ということではないかと筆者たちは考えます。そのような自分の能力を信じ、自分の力を発揮、成長させる方法の1つとして、ハーバード大学の研究成果をあわせた「MI セオリー」を紹介します。具体的には、以下のプロセスで進めるものです。

　　① 　多重知能理論により、自分の強みを理解する。

　　② 　自分の強みを生かせる問題の切り口(エントリーポイント)を考える。

③　ビジブルシンキングを使って、問題を掘り下げ、多くの解決の
　　方法を考える。

①～③のプロセスを通して、自分の強みとなる能力を発揮する可能性
が大いに広がっていることに気づくのです。では、さっそく「MI セオ
リー」を使って自分の可能性を最大限に追求してみましょう。

2.　MI セオリーの特色
(1)　多重知能理論

多重知能理論は、ハワード・ガードナー教授(ハーバード大学教育学
大学院)によって 1983 年に提唱された理論です。ここで知能は「人が問
題解決を行う際に使う力」のこととされており、「人間は皆それぞれ、
脳の各領域に対応した 8 つの知能をもち、これらの知能はそれぞれ大い
に伸ばすことができる」とされています。MI セオリーの中核には「私
たちがもつ 8 つの知能それぞれの強弱が、その人の知能の個性を形成す
る」という思想があります。

多重知能理論における 8 つの知能は、表 1.2 のとおりです。

あなたは、8 つの知能のなかでどれが強いと感じるでしょうか。それ
を可視化するのが、多重知能評価シート(図 1.12)です。

この多重知能評価シートを活用し、自分の知能のチェックを繰り返し
ながら、新たな知能を発見してみてください。

(2)　領域

ガードナー教授は知能の他にも領域(ドメイン)という言葉について、
以下のように定義しています。

「特定の領域とは、文化活動や組織化された活動を指す。その活動の
なかには、専門技術や専門知識が存在し、人が学ぶことで習得できるも
のがある」

表 1.2　多重知能理論における 8 つの知能

①論理・数学的知能	論理、数学や演算を理解し使う能力。物事を順序立てて抽象的に考えることが得意であり、思考の対象に複数の要素が混ざっていれば、互いの類似性や関係性を考える。
②言語的知能	言語を効果的に使う能力。心にあるものを表現する。他人を理解するために口頭や文字によって、コミュニケーションする。
③音楽的知能	音のリズム・高さ・メロディー・ハーモニーといった概念を理解し使う能力
④空間的知能	空間やそのなかにあるものを認識したり、その認識を可視化したりする能力
⑤博物的知能	物事や自然現象を認識し、理解したり分類したりする能力
⑥身体・運動的知能	身体全体、またはその一部(手、指、腕など)を使って、身体運動を調整する能力
⑦対人的知能	心にあるものを表現し、他人を理解するために口頭や文字によってコミュニケーションする能力。対人関係を通じて積極的に学ぶことができる能力
⑧内省的知能	自分の考えや感情、好み、利害などを理解し、コントロールする能力

多重知能評価シート

この図は、各知能の強さを表すものです。
自身の知能を 4 段階で自己評価して記入してください

1 = ない　　　　　　　　2 = どちらかというとない
3 = どちらかというとある　4 = ある

知能	論理・数学的知能	言語的知能	音楽的知能	空間的知能
評価				

知能	博物的知能	身体・運動的知能	対人的知能	内省的知能
評価				

クラス(　　　　　　) 学籍番号 (　　　　　　)
氏名 (　　　　　　)

■多重知能について、なぜそのような自己評価にしましたか?

知能	自己評価の理由
論理・数学的知能	
言語的知能	
音楽的知能	
空間的知能	
博物的知能	
身体・運動的知能	
対人的知能	
内省的知能	

注)　本シートは、函館工業高等専門学校の専攻科授業「グローバル・ケーススタディ演習」で使用したもの。

図 1.12　多重知能評価シート

どのような領域も複数の知能を使用することで形成されています。例えば、ダンスという領域では、身体表現（身体・運動的知能）だけでなく、リズム感（音楽的知能）、空間の利用（空間的知能）など、複数の知能を使用しているという具合です。

ガードナー教授は「知能は生物がもつ潜在的なもので、領域は社会を形成するものである」といっています。社会を形成するうえで重要になる特定の領域は、自分および他者の知能が基盤となっていますが、その一つひとつは必ずしもはっきりしていません。多重知能評価シートでの日々の振り返りは、自分の新たな知能を発見することで領域、さらには人間関係、社会を確実に捉えることにつながるのです。

（3）　エントリー・ポイント

複数ある自分の知能がわかっても、これらを生かして、人生のなかでどのように学び、どのように問題解決をしていけばよいのでしょうか。この疑問に、ガードナー教授は、1つのヒントを与えてくれます。

自分の知能の特徴を応用して物事を学ぶアプローチを、ガードナー教授は「エントリー・ポイント」（理解への入り口）と呼び、「物事を学ぶ方法は複数ある」という考え方から、その代表的な例として、6つ挙げています（表1.3）。

表1.3の6つそれぞれは複数の知能と関係しています。例えば、「説話的エントリー・ポイント」は言語的知能だけでなく、内省的知能や対人的知能が関係しています。複数ある自分の知能の強み、つまり領域の強みを知ることで、それを生かせるエントリー・ポイントを考えることができます。また逆に、学ぶ対象にさまざまなエントリー・ポイントのアプローチを試した結果から、自分の知能の強みが見えてきます。自分に合うエントリー・ポイントを試行錯誤して探してみることで、自分の知能の強みが強化され、新たな自分が見えてくるのです。

表1.3　6つのエントリー・ポイント

①説話的エントリー・ポイント	物語や文章を読む・聞く・書く・話す。
②論理的エントリー・ポイント	データや観察にもとづいて推論する。データを数学的に分析したり、特定の音楽のリズムや構造を考察したり、原因と影響の相関性を類論する。
③根拠的エントリー・ポイント	哲学や、物事の背景、歴史的な起源、理論の根拠を考察する。人間の生・死や、世界の意義について「なぜか」を問う。
④審美的エントリー・ポイント	色・造形・線などに関する美術的感覚を養う。
⑤経験的エントリー・ポイント	シミュレーションや現実的・直接的な作業を通じて経験を積み重ねる。
⑥共同的エントリー・ポイント	ディベートでの討論や質疑応答のような機会を通じて、他者との共同作業(プロジェクト)を経験する。

3. MI セオリーの進め方

　多重知能評価シートを活用したり、自分に合うエントリー・ポイントを探索したりした結果、適切な学び方のアプローチが見えてきます。ただ、そのアプローチを生かしてより深く学ぶためには、複数の知能を生かし学びを深めていく道筋がほしいところです。その道筋を作るための方法の1つに「ビジブルシンキング(Visible Thinking)」があります。これは、プロジェクトゼロ[1] が提唱する「思考の可視化」プログラム(教科学習において思考の成長を促す学習プログラム)のなかで展開されている方法です。

　「思考の可視化」プログラムの目的は、以下のとおり2つあります。

---

1)　プロジェクトゼロは、1967 年にハーバード教育大学院のネルソン・グッドマン教授により、芸術教育を研究、改善する目的で設立されたプロジェクトであり、多重知能理論の提唱者・ハワード・ガードナー教授はプロジェクトゼロの2代目ディレクターです。設立当初は芸術分野に限定していましたが、今では人文・社会・自然科学などあらゆる分野に対象を広げ、それぞれの分野で思考や創造性などを広げることに尽力しています。

① 思考スキルと思考する姿勢(好奇心、創造性など)を育む。

② 思考の習慣化を通して教科の学びを深める。

言い換えれば、エントリー・ポイントを入口にして自分の知能をより深く理解することが「思考の可視化」プログラムの目的の1つです。そして、このプログラムの核となる思考法がビジブルシンキングなのです。

ビジブルシンキングの基本は、以下のとおり、「SEE-THINK-WONDER」という3つのフレームを使って、思考を深めることが基本になります。

❶ SEE：何が見えますか？

❷ THINK：それについてどのように考えますか？

❸ WONDER：何が類推できますか？

事実の捉え方は複数あり、そこから生まれる考え方もいくつもあります。その発見のなかにこそ自分の新たな知能を見つけるチャンスがあります。多くの事実から多くの気づきを得る。さらに、複数の気づきを統合して、新たな仮説を作る。その思考のルーティンを回すことがビジブルシンキングなのです。

4. MIセオリーの活用事例

(1) ビジブルシンキングを活かした授業実践例

ビジブルシンキングを活かした授業実践例として、学校での美術鑑賞を取り上げてみます。

1) 授業内容

統一したテーマでの、美術作品群の鑑賞

2) 留意点

① テーマはわかりやすく、親しみやすいものとする。

② 見せる絵に、何か不思議な部分があるものを準備する。

3) 授業展開

① 美術作品鑑賞前のウォーミングアップ

　　授業のゴール、授業全体の流れ、約束事(知識ではなく、どう感じたかを大事に、気づきや発見に敏感に、など)、ファシリテーターと参加者の役割などを確認した後、一緒に活動するペアを決める。

②　美術作品の鑑賞

　(a)　SEE：「何が見えたのか」をポストイットに 1 項目につき 1 枚でできるだけ書き出した後、模造紙にペア分を一緒に貼り出して、情報のシェアおよび意見交換をした。その際、同じ意見のポストイットはグルーピングする。

　(b)　THINK：「作品を見て何を考えたか」をポストイットに、1 項目につき 1 枚でできるだけ書き出した後、模造紙にペア分を一緒に貼り出して、情報のシェアおよび意見交換をする。

　(c)　WONDER：美術作品群の鑑賞途中や、(a)、(b)をこなす途中で「どのような疑問をもったのか」「何を想像したのか」をポストイットに 1 項目に 1 枚でできるだけ書き出した後、模造紙にペア分を一緒に貼り出して、情報のシェアおよび意見交換をする。

　(a)～(c)の活動を終え、時間的に余裕ができれば、他のグループの状況も見に行く。

③　全体での振り返り：作成した模造紙を用いて各ペアの SEE-THINK-WONDER が視覚的に見えるようにする。

④　個人的な振り返り：今回の内容で「自らが観た美術作品群から見えてきた具体的な内容」「それについてどう考えたか」「何を想像したか」「他者から学んだ点」を書かせる。

　このようなビジブルシンキングの「SEE-THINK-WONDER」のルーティンは表 1.4 のように他の教科でも応用できます。

　このような授業を通じて、思考を言語化でき、潜在的な意識も見えるようにできます。また、共通の思考のフレームを用いて、可視化してい

表 1.4　他の教科へのビジブルシンキングの応用例

国語の授業への応用例	① SEE：この物語では、どのような出来事が起こっていますか？ ② THINK：どの箇所を読んで、あるいはどの言葉を見てそう感じましたか？ ③ WONDER：どんな疑問を感じましたか？　そのほかに何か発見はありましたか？
数学の授業への応用例	① SEE：この問題は何を求めようとしていますか？ 　　　　この問題はどんなもので構成されていますか？ ② THINK：どうしたらこの問題が解けると思いますか？ 　　　　問題のどこからそう思いましたか？ ③ WONDER：他に解決の可能性はありますか？

るので、自分の考えはもちろん、他者の思考の理解にもつながります。

　さらに思考を可視するプロセスに自ら主体的にかかわることで、社会人の基礎的な力はもちろん、各プロセスの振り返りにかかわるメタ認知能力も向上させることができます。

(2)　エントリー・ポイントとビジブルシンキングの応用

　ビジブルシンキングの「SEE-THINK-WONDER」のルーティンを活かして、多くの事実・気づきを得て、新たな仮説を作ります。その仮説を実証するのにどのようなアプローチを考えるのかというときに、エントリー・ポイントが必要になります。1 つのテーマから自分に合ったエントリー・ポイントを見つけられれば、「SEE-THINK-WONDER」(ビジブルシンキング)で思考を深化させることで、さらに、事実を掘り下げていくことができるのです。このエントリー・ポイントとビジブルシンキングの融合こそが MI セオリーなのです。

　このような問題解決アプローチにより、個人の学びは最適化され、各自の状況に合わせて各自が学ぶことができます。また、エントリー・ポイントは多重知能理論に基づいており、各自の知能の強みを相互に理解することから、協働し集団として問題を解決することに応用できます。

このように、MI セオリーは自己および他者を理解し、自分を生かす環境のなかで、協力して問題解決をしていくことを可能にしてくれます。さらに MI セオリーの定着は、相手を尊重・受容する心を育みます。だからこそ MI セオリーは、多文化共生社会の構築になくてはならないと考えます。

(3)　Good Work のために

多文化共生社会を実現するためには、自己を確立する必要があります。それぞれの立場で地域や世界の変化を見極めながら、適切に課題を捉え、他者と連帯しながら自分の責任で Well-being を実現していくためです。そのような確立した自己を実現していくうえで、自分を生かす仕事を考えることはその一助になるでしょう。

ガードナー教授は、個人個人の仕事について、個人にとっての Good Work なのかどうかを評価する質問として、以下の3つを挙げています。

①　その仕事は、あなたの価値観に合うか？

②　その仕事は、能力を喚起するか？　またはあなたがすることに十分能力があり、生産的であると思うか？

③　その仕事は、「没頭（engagement）」の主観的バロメーターである「喜び」を、あなたにもたらすか？

ガードナー教授にとって多重知能理論から Good Work までの研究は、それ自体が自己の価値観と能力を最大限生かせる Good Work でした。筆者たちにとってもカードナー教授の研究課題は、それに没頭し、喜びを見い出せる Good Work なのです。

It May Be a Good Job, but Is It 'Good Work'?

上記のガードナー教授の言葉の真の意味を、筆者たちだけでなく、ぜひ読者のあなたにも探究してほしいと思います。

（有賀三夏、下郡啓夫、上條雅雄、永井由佳里）

第Ⅱ部

ひらめきを
誕生させる
発想法

第 5 章

ブレインストーミング
―アイデアを湧き出させる基本ルールのマスターが必須―

1. ブレインストーミングの概要

　ブレインストーミング(以下、BS)は、1953 年にアレックス・オズボーン(1888 〜 1966)が開発した個人・集団発想法です。思いつくまま自由にアイデアを述べていくことから、自由連想法に分類されます。オズボーンは 1939 年に「組織的なアイデアを出す方法」として、BS の原点となる方法を編み出しました。

　BS の名称は、初期の参加者が名づけた「ブレインストーム会議」に由来します。これは、ブレインストーム(Brainstorm)、つまり突然の精神の錯乱を巻き起こすような頭の中の状態を表現したものです。

　BS は、大勢の人で時間をかけて、アイデアをこねくり回す方法ではありません。特定の問題に対して膨大なアイデアを出して、そのなかから解決策として使えそうなアイデアを見つけ出す集団発想法です。発散思考を活用する純粋な形態なので、まずは発散思考の基本ルールを理解することが必要です。覚えておきたい BS の基本ルールは以下の 4 つです。

　〈ブレインストーミングの 4 つのルール〉

　　① 批判禁止(判断を持ち込まない)

　　② 質より量の追求(できるだけたくさんのアイデアを出す)

　　③ 突飛な意見歓迎(無理そうなアイデアでも言う)

　　④ 他の意見に便乗(他人のアイデアをヒントにアイデアを出す)

　BSでは、これら4つの基本ルールを意識しながら頭に浮かんだアイデアを出していきます。また、BSは集団で行うと思われがちですが、一人であっても4つの基本ルールを使ってアイデアを出すことができます。

　1980年代にアイデア整理に有効な手法として、ポストイットにアイデアを書き、それをフリップチャートに貼り付けて指差し説明する「手を挙げろBS法（書き出す、声に出す、貼り出す）」も考案されました。

2.　ブレインストーミングの特色

　BSを特徴づける最大のポイントは、アイデアを生み出す左記4つの基本ルールを活用することです。集団で発想するときには、話しやすく、対話のできるように席を四角形や円形に配置します。

　BSは、一般的には5〜7人のグループで行います。これが10名以上と多すぎる場合、一人当たりの発言の機会が減ったり、長時間の話合いで間延びしてしまい、ゲーム的な面白さが損なわれてしまうからです。

　しかし、適切な人数でもアイデアを出すのが難しい場合もあります。参加者の多くが話合いのテーマに無関心だったり、テーマへの知識が乏しい場合には当然、期待できません。かといって、テーマに関心のある専門家ばかりを集めても、専門用語が飛び交い、奇抜で斬新なアイデアを出すことができません。そのため、アイデアを出しやすくする目安として、専門家が全体の半数以下となるグループを構成し、事前にテーマを予告して各自に事前準備をしてもらいます。

　アイデアをより思いつきやすくする基本は、左記の4つのルールのとおりですが、BS初心者にはすべてを意識し続けるのは難しいかもしれません。その場合、最も重要な「できるだけたくさんアイデアを出す（質より量の追求）」だけをまず意識し、他の人の発言に「いいね」と肯定的な意思を表明してください。最低限これを行うことで、他の人が発言に躊躇したり、萎縮することなく、たくさんのアイデアが出せます。

3.　ブレインストーミングの進め方

　具体的な BS の進め方は、以下のとおりです。

(1)　ブレインストーミングがしやすい道具を準備する

　BS は一般的には模造紙やホワイトボードに直接書き込みます。しかし、ハガキくらいの大きさ(7.5cm × 12.5cm)のカード(大判ポストイット)にアイデアを直接書き込むことで、書記の負担を軽減し、皆でアイデアを手軽かつ手早く出し合う方式もあります。

　人数が比較的少ない場合には、もう少し小さなカードを用いるなど、カードの大きさを工夫することで、情報全体を整理したり共有することが楽になります。

　アイデアを書くペンは、ボールペンよりもサインペン程度の太字で書けるものを用意します。アイデアを書き込むときは黒色、アイデアを整理するときは赤色など、作業に応じて使い分けできる 8 色程度の太字と細字で書ける水性マーカーが便利です。水性マーカーを使えば、アイデアを考えたり、整理したりするときに、遠くから眺めていても、はっきりと見えます。

　カードを整理するホワイトボードがない場合は、台紙の付いた大判パッド(イーゼルパッドやフリップチャート)を用意し、壁や机に貼り付けます。一番手軽なのは、百均ショップにある模造紙の活用です。

(2)　ブレインストーミングの役割を決める

1)　リーダーと書記を決める

　リーダーと書記を各 1 人選び、役割を明確にします。リーダーの役割は「タイマーを用意して、進行と時間をチェックすること」です。リーダーは発想メンバーを兼ねても構いませんが、書記を兼ねる場合には進行とアイデアを書き留めることに専念します。

2)　メンバーは原則6人

　理想は5～7人ですが制限はありません。

3)　メンバー全員、机を付けて互いの顔が近くで見えるように座る

　他のメンバーのアイデアに耳を傾けながら、新しいアイデアを考えることができる配置であればよいでしょう。

4)　メンバー全員がはっきりと見えるようにテーマを書く

　テーマは、具体的にイメージしやすい質問型の内容とします。例えば、「あなたの今年の目標は何か」「できるだけたくさん貯金するにはどうするか」のようなオープンな問いを立てて、「はい／いいえ」で回答できるクローズドな問いは避けます。また、皆が見える場所にテーマを書けば、話合いが途中でぶれることはありません。

5)　4つの基本ルールを確認する

　初心者はルールにとらわれ過ぎず、たくさんのアイデアを出すことに専念するとよいでしょう。他人の意見を批判する人がいると、参加者が萎縮し、発言しにくくなることを心に留めておきましょう。

(3)　ブレインストーミングの開始

1)　アイデアを出していく

　1回15分程度、アイデア数は最終的に30個以上とし、できるだけたくさんのアイデアを出すことを目標に設定します。もちろん、この数字以上にアイデアを出せそうな場合は、止めずに続けてアイデアをどんどん出していきます。

2)　1セッション15分を4回程度繰り返す

　途中で休憩を挟んでテーマを確認しつつ、15分×4回（全体で60分）程度を目安に進めます。

3)　ホワイトボードなどにアイデアを記入する

　書記はホワイトボードなどにアイデアを手際よく記録します。書

　記を置かず、本人が直接アイデアをポストイットに記入し、聞き間違いや書き間違えをなくし、スムーズに進行する手もあります。

(4)　ブレインストーミングの終了後

　最終的なアイデア数は、初心者の場合でも 30 程度、慣れてくると 50 程度に達します。最後はこれらのアイデアを全員で評価し、まとめます。

1)　アイデアを整理する

　書記がまとめたホワイトボードやシートのアイデアを眺めながら、似たようなアイデアをまとめて整理します。

2)　アイデアを評価する

　各自が良いと思ったアイデアを2〜3個程度チェックを付けます。この時点で、アイデアが 15 〜 20 程度に絞られます。複数の人からチェックが入ったアイデアについて、「面白さ」「目新しさ」「オリジナリティの高さ」「実現可能性」などを話し合います。

3)　アイデアをまとめる

　最終的には、テーマに沿った解決策をまとめて、一つの提言にまとめます。

(5)　ブレインストーミングで出たアイデアを素早くまとめる

　BS は、たくさんのアイデアを出すことに専念しますが、その後のまとめが難しいことがあります。この際、インスピレーションを頼りに素早くまとめるハイライト法が便利です。そのやり方は以下のとおりです。

〈ハイライト法の進め方〉

1)　最も良いアイデアを3つ選び、マークする

　上位アイデアの可視化です。ここでは、たくさんのアイデアから上位 20％程度を選びます。1グループ6名であれば、「一人3回、ポストイットにマークできる」というルールを設定します。これに

より最も人気のアイデアから、最も人気のないアイデアまで、全体を見渡してアイデアを確認できます。

2)　似たもの同士をグループ化する（アイデアのクラスター化）

　上位アイデアを可視化した後の作業は、同じような重複したアイデアを整理し、まとめます。

3)　クラスターに新しい名前をつける

　似たもの同士をまとめたクラスターを眺めてみて、新しい名前をつけることで、アイデアをまとめながら、新しい観点を得ます。

(6)　ブレインストーミングのしやすい創造性を高める環境をつくる

　BS がしやすくなる「創造性を高める環境」とは、どのようなものでしょうか。ハーバードビジネススクール教授の T. M. Amabile（1950～）の研究（参考文献［8］）によれば、「創造性を高める環境」であれば、「モチベーション（内発的動機づけ）」が高まり、「課題へのパフォーマンス（創造性の高い行動）」も高まります。また、創造性を高める環境として、以下 6 つの促進要因が紹介されています。

1)　グループやチームの活動を奨励しなさい

　BS は、グループやチームでアイデアを出す共同作業で、ゲーム的な要素を含みます。新しいアイデアを奨励し、公平で建設的な判断がなされる集団を作りましょう。

2)　スーパーバイザーやモデルを示しなさい

　優れた仕事のモデルを示したうえで、「そのモデルは適切な目標として設定されているか、お互いの信頼関係が保たれているか」に配慮しましょう。

3)　お互いが助け合うことのできる集団を作り上げなさい

　お互いが助け合うには、日頃からコミュニケーションをとりやす

い状況が保たれていることが大切です。普段のあいさつや、ちょっとした気配り、仕事の融通を利かせることなどを大切にしましょう。

4)　自由を感じられる雰囲気を作りなさい

仕事上、自由を感じられる瞬間は、自分から進んで仕事をできる状況や自己決定できる状況がある場合に訪れます。自主性を重んじ、自由を感じられる雰囲気をつくって、モチベーションを高めて、創造性の高い行動につなげましょう。

5)　必要なものは十分に用意しなさい

計画の実行には、情報、資金、資材、設備などが必要です。必要なものを過不足なく、適切なタイミングで利用できる環境づくりを大切にしましょう。

6)　成長につながるような仕事に挑戦しなさい

成長につながるような仕事は、今まで経験したことのないような重要なプロジェクトなど、ハードな仕事だったりします。そのため、誰もが臆病になって気後れしないように、配慮しましょう。

また、創造性を妨害する以下の2つの要因に注意し、その兆候があれば適切に改善していくことが重要になります。

〈創造性を妨害する2要因〉

1)　グループやチームでの活動を妨げる人間関係を改善する

組織内の上下関係が強調されたり、新しいアイデアを批判しすぎる環境では、モチベーションやパフォーマンスが下がります。

2)　無理な時間設定や効率を求めすぎることを避ける

効率を求めすぎて作業を急がせる環境では、かえって不完全燃焼であったり、パフォーマンスが下がったりします。

(7)　発想を豊かにし、創造性をフレッシュに保つ秘訣

同じテーマで話し合ったとしても、そのときどきで、ひらめくアイデ

アは違ってきます。常日頃から、違ったものを読んだり聴いたり、五感を使った体験（活動）から、データを収集する習慣をつけることが大切です。また、違った分野の人との交流や、新しい人との出会いにも時間を費やす努力をしてください。

　このように活動的に過ごせれば、ときには1人でゆっくりと、静かな時間を過ごし、非日常的な時間の流れに身を任せるのもアイデアの発想のためによいでしょう。

4.　ブレインストーミングの活用事例

　BSは「やりたいことが漠然としていて、問題や目標がはっきりしない」など、「まずはグループで情報を共有したい場合」にも最適です。

　アイデア会議として実施する場合、メンバーは6人程度が原則ですが、立ち話式に進めるときや専門家が少ない場合などは数人からでも可能で、大勢で情報を共有する情報共有会議では数十人まで参加できます。

　例えば、新しい情報機器をテーマにさまざまな分野の人とちょっとした立ち話をしている際に、新しい商品のアイデアが出そうなときには、ホワイトボードにアイデアを書き始めてみるのです。当事者に見えるように書き出すことで次のアイデアが出てくることがあります。

　ポストイットなどなくても、大切なアイデアを囲んだり、アイデア同士を矢印でつなげたりすれば、アイデアをまとめることができます。

　筆者が、とある災害被災地支援の情報共有会議でBSを行った際には、大きな地図を用意して、会議の参加者から出てきた情報（アイデアなど）を、ポストイットに書き込みました。

　災害情報や必要な支援物資の情報などを大きな地図の上にポストイットを貼り付けていくことで、誰もが一目で災害支援情報を共有できる環境を整えたのです。

（西浦和樹）

第6章

ブレインライティング
―日本人向けの黙っていて OK なグループ発想法―

1. ブレインライティングの概要

　ブレインライティング[1]（Brainwriting）は、ドイツのホリゲル（Holliger）によって考案されたグループ発想法です（参考文献［2]）。1970年代からブレインストーミングの発展型として利用され始めました。

　ブレインライティングでは、「会話せず」に会議を進められます。その特徴はブレインライティングの別名「635法」[2]からもわかります。数字部分の635は、次の①から③にそれぞれ対応しています。

　　①　6人の参加者で、

　　②　必ず3つの発想を、

　　③　5分で考えてシートに記入し、5分後に隣の人にシートを回す。

　6人が3つの発想を5分で考えるわけですから、約30分後には必ず108個の発想が得られることになります。

---

1)　『問題解決手法の知識』（髙橋誠、日本経済新聞社）は1984年の刊行ですが、この書で初めて日本にブレインライティングが紹介されたとされています。なお、ブレインライティングは、㈱創造開発研究所の登録商標です。

2)　海外では、635法（ブレインライティング）の初出として、Rohrbach, B. の文献（参考文献[13]）が挙げられています。
　　しかし日本では、創造開発研究所の髙橋誠がドイツの Horst Geschka 博士と学術交流するなかで、1983年にブレインライティングを詳しく紹介された経緯から、考案者をドイツの形態学者であるホリゲル（Holliger）としています。1999年には『問題解決手法の知識』の第2版（参考文献[3]）が日本経済新聞出版社から出版されており、入手は容易です。

2.　ブレインライティングの特色

　ブレインライティングの最大の特色は、「沈黙の発想会議」ともいわれるとおり、会議の進行に関する合図以外では、ほぼ会話をする必要がないことです。

　この特徴は、人前での発言をためらってしまいがちな日本人にうってつけといえます。その他にも以下のような特徴があります。

1)　全員に、平等に、発想を出す機会ができる

　一部に声高な参加者がいたり、お互いの地位を気にしたりすると、どうしても発言を躊躇してしまいがちです。しかし、紙に書いた発想をもとに会議を進めてみると、あまりそれらを気にする必要がなくなります。

2)　初対面のメンバーでも進めやすい

　チームビルディングが完全でない場合や、初対面の人が多い場合でも、遠慮することなく会議を進めることができます。

3)　他人の発言を気にして発想を妨げられることもない

　他の誰かが話していれば、それを聞く必要があります。しかし、ブレインライティングでは、他人の発言を気にすることなく、自分の発想に集中できます。

4)　時間管理と発想の数が担保できる

　ブレインライティングの基本型「635法」は、1ターン5分程度の制限時間内に6人が3つの発想を考えることで、必ず30分で会議を区切り、108個の発想を得られるやり方なので、永遠に終わらない会議や発想が1つも得られない会議を回避できます。

　ただ、「6人で3つの発想を5分で考える」のはあくまでも基本形です。例えば、参加メンバー数が100人という大多数な会議で採用しても、進行に支障はありません(参考文献［6］)。

　また、1ターン当たりの時間を短くしたり、発想数を増やしたりす

ることもできます。ターン数も、確保できる時間によって変更可能です。特に発想が足りないと感じた場合は、さらにターンを重ねることもできます。

3. ブレインライティングの進め方

以下に、基本形「635法」をベースに、実施方法を解説します。

(1) 準備

1) テーマ(課題)を設定・確認

できるだけ具体的なテーマを設定します。例えば、「街に活気を取り戻すには?」よりも「平日昼間のアーケード内の歩行者を現在より増やすには?」というようにポイントを絞ります。

2) メンバーを選定

問題に関係する人はもちろん、異なるバックグラウンドをもつ人を広くメンバーとして迎えましょう(参考文献 [11])。

3) 進行役を設定

タイムキーパーを主なタスクとする進行役を決めます。通常は進行役も参加メンバーを兼ねます。進行役はタイマーを用意すると、進行を大変スムーズに行えます。

4) 集合できる机を準備

会議の机は、円卓や口の字をした会議机のほうが適します。メンバーはその机の周りに座るので、シートの受け渡しや全ターン終了後の評価のときも、円滑に進められます。

5) シートを準備・配布

テーマを「必ず」メンバー全員で共有・確認してください。

まず、発想を書き込むブレインライティング・シート(図2.1)を配布し、各自がシートの最上部にテーマを書き込みます。

テーマ _____

	A	B	C
I			
II			
III			
IV			
V			
VI			
VII			

出典）　高橋誠（2007）：『ブレインライティング』、
p.14、東洋経済新報社。

図2.1　ブレインライティング・シート

(2)　実施

1)　メンバーは、シートのIの段に5分で必ず3つの発想を記入する。

2)　5分経ったら、シートを右隣のメンバーに渡す（第1ターン）。

3)　メンバーは回ってきたシートのIIの段に3つの発想を記入する。

　書くことが思い浮かばないときには、前のメンバーの発想を具体化したり、結合して発展させたりします。

4)　5分経過したら、またシートを右隣に渡す（第2ターン）。

　シートを渡すことは、会議を強制的に進行させるプレッシャーとなります。

5)　以降、シートの最後のVIIの段まで同様の作業を繰り返す。

6)　全ターン（6段目）が終わったら、参加者全員で発想を評価する。

　発想が書かれた枠を切り離して、構想を練ることなどもできます。

　すぐにできる発想の評価方法には「ポイント評価法」があります。

〈ポイント評価法の進め方〉

　①　メンバー全員で全シートに書かれた発想をよく読みます。

② メンバーに6点の持ち点を与え、良いと思う発想に対し、ペンで点(・)を書き入れます。ただし、特定の発想に点が偏らないように、1つの発想に4点以上は入れないルールにします。3点を2つの発想に入れてもよいし、1点ずつを6つの発想に入れてもかまいません。

③ 全員が点を書き入れ終えたら、各自は点を書き入れた理由を端的に説明し合います。

　会議後すぐに収束会議に移しやすい下のカードBW法や、コンピュータの利用(参考文献[12])など、手法の改良も進んでいます。

(3)　カードBW法

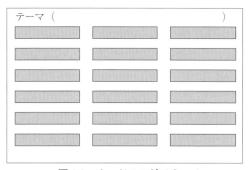

図 2.2　カード BW 法のシート

　創造開発研究所の髙橋誠はブレインライティングにカードを利用し、後でまとめることを考えて「カードBW法」を開発しました。

　カードBW法の、進め方はブレインライティングと同じです。違いは、各自がカードBW法シート(図2.2)を作成するところです。

　カードBW法では、シート作成の際、各メンバーにA4用紙と18枚のカード(2.5cm × 7.5cm のポストイットが最適)を渡します。各自は図2.2のように、A4用紙を横に置き、ポストイットを横に3枚、縦に6枚ずつ貼ります。

4.　ブレインライティングの活用事例

　ブレインライティングは発散技法として開発されましたが、単なる発

想技法にとどまらず、工夫を加えることでさまざまな問題解決シーンで大きな成果を上げることができます。

(1)　発明・特許への活用

発明・特許への活用は王道ともいえますが、ブレインライティングを改良し、その強制力を取り入れた創造会議の事例を以下に紹介します。

福岡に拠点を有するある大手家電メーカーでは、社内の「特許・発明強化プロジェクト」のなかで、ブレインライティングを活用しました[3]。

1)　時期

基本的な技術開発に目途が立ち、サンプル展示を控えて、同社の技術内容がいよいよ公開される前の段階でした。既に、基本的な特許は出願済でしたが、新しいカテゴリーの商品で将来の商品の展開や競合他社への打ち手などがまだ十分に摑めていない状況でした。

2)　テーマとチーム運営

テーマを「自分たちのテーマの技術的工夫を使った発明・発想」とし、1チーム5名の2チーム編成で実施しました。準備段階で、各自がそれぞれ発明のネタになる技術的工夫を短文で、ブレインライティング・シートの一番上に書き出しました。シートの1段目には「目的？」、2段目には「手段？」と記入、3回目以降もこれを交互に続けて10段まで記入しました。

3)　会議の進め方

チームごとに、メンバーは隣の人のシートを受け取り、書かれた内容をよく読み確認しました。この際、わからないところはその場で隣の人に聞き、メンバー全員で技術工夫を共有しました。全員が他メンバーの工夫を理解したら、1ターン当たりの時間を3〜5分に設定し、

---

3)　当時担当のファシリテーションリーダーは永瀬徳美氏で、以下の事例は同氏より提供されたものです。

ブレインライティングを開始しました。1段目「目的は？」には、技術的工夫を何に利用したかの「目的」を書き出しました。

　時間が来たら、シートを隣のメンバーに渡し、次のターンでは、2段目の「手段は？」に、1段目に記入した目的を、どのようにして具体化するかを書き出しました。その際、自分たちのテーマの技術を棚卸して記入しましたが、このときには書き込む内容を強制的に「既に書き出されている技術的工夫とは異なる手段」とすることで、これまで採用しなかった代替手段を半強制的に考えて、競合他社が仕掛けてくるであろう特許の回避を考えることができました。

　3ターン目では、今度はその前に記入された「手段は？」を利用し、元とは違う利点やその手段の別の目的を「目的は？」に書き出しました。このとき強制的に「既に記入された目的とは異なる内容」とすることで、それまで想定されない目的(例えば転用や応用)を考えるなど、目的と手段を行き来して発想しました。

　30〜45分ほどで疲れるのでひと休みしたら、チョコレートなど甘いものを少し食べ、またテーマの発想に戻りました。

　最終的には300程度の発想が出て、知財関係者との整理を経て、目的と手段を体系化し戦略的な特許出願に進むことができ、自社の開発商品が世の中に出た際に、競合他社が考えつくであろう各種の特許回避策や応用転用にも対抗できる、網羅的な特許・発明の出願につなげた取組みにつながりました。その結果、このプロジェクトは「特許強化活動・社長賞」の受賞につながりました。

(2)　夜間定時制高校生徒のコミュニケーション力向上への活用

　都立足立高校の田口浩明教諭は、日本教育大学院大学で髙橋誠教授から、ブレインライティングは「話す」より「書く」ほうが精神的負担が少なく意見も出やすい手法として学びました。そして、夜間定時制高校

のペアワークの授業の際、どうしても話すことができない生徒がいることに気づき、生徒同士の対話に応用することを思いついたのです。

　具体的には、生徒が授業プリントに自分の意見を「書き」、ペアの生徒同士でプリントを「交換」し対話するものです。プリントには「ホメント（ほめるコメント）」欄もあり、互いにホメントを書いて返します。

　この応用の結果、全生徒のペアワークが成立しました。自分の意見やほめられた言葉が文字として残るため、これを何度も見ることで、自己肯定感や文章力がアップすることもわかりました。この取組みによって、田口教諭は第 20 回東京新聞教育賞（2017 年）を受賞しました。

(3)　地域の多様な方が集まって問題を解決するのに活用

　久留米大学文学部情報社会学科では、問題解決手法を習得することを目的として、大学がある福岡県の筑後地域の問題解決をテーマにした科目を開講しています。そこでは毎年、筑後地域でのさまざまな活動をされている方が、街中の課題について講演します。これは、履修している学生以外の参加も可能なイベントとして開催されています。地域活動に関心をもつ他学部他学科の教員、学生はもとより、年齢・性別もばらばらな市民の皆さんも聴講しています。

　この科目では、講演が終わるとすぐにブレインライティングを活用して、街中の問題解決を発想する会議を行います。ブレインライティングなので大勢が初対面同士であることや立場の違いも乗り越えて、問題解決案を具体化する創造会議が進められるのです。

　これは、学生だけではなく、市民へブレインライティングを普及する機会にもなっています。実際、聴講された方が運営・参画する NPO での会議で、ブレインライティングが使われるようになったケースも、出ています。

（川路崇博、髙橋　誠）

第 7 章

マインドマップ
―1 枚のシートに連想を次々と書き出す―

1. マインドマップの概要

　マインドマップとは、「事実や発想したアイデアのすべてを、1 枚の紙にすべて見えるように描いていく方法」です。考案者は英国の心理学者で能力開発の権威でもあるトニー・ブザン（1942 〜 2019）です。

　彼の "The Mind Map Book" シリーズは、数百万部も出版されました。関連書籍は 42 カ国語に翻訳、150 カ国以上で出版され、日本でも 50 冊以上が出版されています。マインドマップのユーザーは世界で数億人に上るそうですから、発想法の母といわれるブレインストーミングとともに、世界で最も普及している技法といえるでしょう。

　マインドマップは、トニー・ブザンが脳の使い方の研究をするなかから発想された手法といわれます。人間の脳は 1 兆もの脳細胞「ニューロン」から成り立ちます。脳細胞は 1 つでも千程度の樹状突起を広げて、他の脳細胞とのつながる「シナプス」をもち、シナプスは脳全体で1000 兆ほどあるといわれています。

　この脳の構造をヒントに、ブザンは次々と紙に記入したキーワードをつなげるマインドマップを考えました。彼は天才たちが書いたノートもマインドマップのヒントになったといいます。ダ・ヴィンチ、アインシュタイン、ピカソ、ダーウィンたちは、膨大なアイデアスケッチのノートを残しており、ビジュアル化されたものも多かったからです。

■テーマ「ストレス解消法のまとめ」

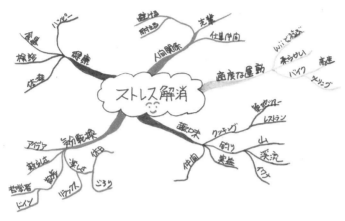

注）　作成は齊藤新子氏による。

図2.3　マインドマップの例(1)

　マインドマップは事実やアイデアを自由に書き出しながら連想を広げていく方法です。基本的な手順には「テーマを決めたら1枚の紙の真ん中にテーマを書く」「テーマからの連想を上下左右に自由に書き出す」「それらの連想をテーマと放射状につなげていく」という3段階になります。

　マインドマップは記録用にも(図2.3)、発想用にも(図2.4)活用できます。

2.　マインドマップの特色

　最大の特徴は手軽で簡単なことです。テーマと紙1枚(A3が便利)とペンさえあれば、いつでもどこでも、1人でも、集団でもできます。

　マインドマップは、テーマに関連する事実やアイデアが紙1枚にすべて書き込まれますから、一見してテーマに関する全情報(テーマの全体像)を把握できます。そのため、以下のような場面で、事実のまとめやアイデアの発想など、問題解決の多彩なステップで活用できます。

　　①　インタビューや会議の記録用

　　②　講演や講義の記録用

③　討論や発想会議のまとめ用

④　企画書の下書き用、またはプレゼンテーション用

3. マインドマップの進め方

マインドマップは自由連想の技法ですから、発想の基本的なルールを活用するとよいでしょう。それは、「発想5ルール」（①判断延期、②自由奔放、③大量発想、④多角発想、⑤結合発展）で、これを念頭に入れて発想することが大切です。

マインドマップに記入する際には、「重要なものは後から整理し、マークすればよい」と、語句のレベル・順番・分類など気にせず、次々と枝を派生させます。まずは「落書き」のように思いつきを書き足していき、やがて「落書き」から「楽書」、つまり気分を楽にして、楽しみながら書きます。そうすれば、より一層、記録や発想もうまくまとまっていき、奇想天外な発想や独創的なアイデアも生まれやすくなるでしょう（**図2.4**）。

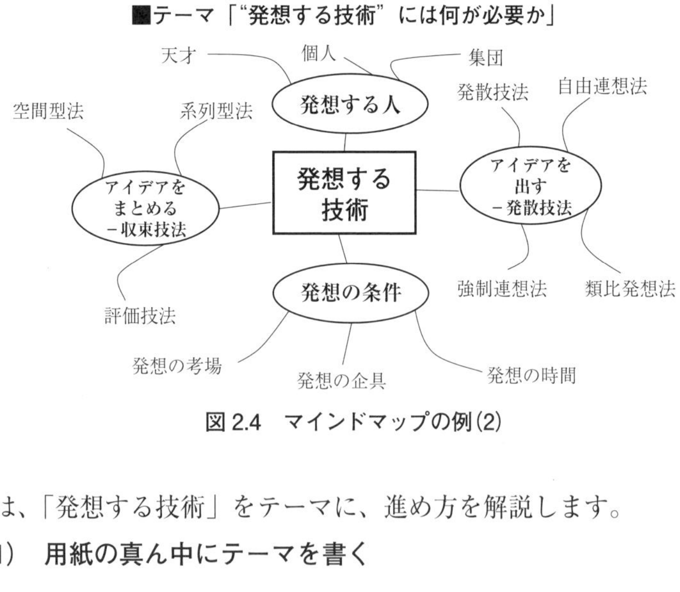

図2.4　マインドマップの例(2)

では、「発想する技術」をテーマに、進め方を解説します。

1)　用紙の真ん中にテーマを書く

　大きめの用紙(A3 など)の真ん中に、考えるべきテーマを書く。例えば、「"発想する技術"には何が必要か」がテーマなら、まずは用紙の真ん中に「発想する技術」と書きます。

2)　テーマから矢印(枝)を飛ばしキーワードを書く

　ブザンが「枝」と名づけた矢印を伸ばし、その先に思いついたキーワード(事実やアイデア)を書きます。テーマを中心に「枝→キーワード→枝→キーワード→…」と放射線状に広げていきます。

　図 2.4 ではテーマの「発想する技術」から枝をつなげて、「アイデアを出す」「アイデアをまとめる」「発想の条件」「発想する人」などのキーワードを書き出しています。

3)　キーワードから、さらに枝を派生させキーワードを追加する

　例えば、「アイデアを出す」から発想し、「発散技法」「自由連想法」「強制連想法」「類比発想法」といった発想法の名前を、キーワードにして書きます。さらには「発想する人」から「誰が発想するのか」を考えて、「天才」「個人」「集団」などを書きます。

4)　曲線と色を使って発想をふくらませる

　ブザンは、マインドマップでは「曲線」と「色」を使って書くことをすすめています。曲線からは、柔らかいイメージが喚起されるので、より発想が膨らむと考えたからでしょう。色は、視覚を刺激しイメージがわきやすくなる効果を狙ったと思われます。

5)　マインドマップを文章化やプレゼンテーションに活用する

　マインドマップが完成したら、文章化したり、プレゼンテーションに活用します。紙 1 枚でアイデアの全体が 1 つの流れのなかでまとめられているので、文章化や発表も大変スムーズにできます。

　集団でマインドマップを作成するときには、ポストイットを使うと大変便利です。全員が紙 1 枚に書き込むと、煩雑になりますが、各自がポストイットに書き込んで紙に貼れば混乱しません。

4. マインドマップの活用事例

　マインドマップは、世界的著名人のマイクロソフト創業者のビル・ゲイツ、米国の元副大統領アル・ゴアなども使っているといわれます。海外では研修や会議などに活用している企業として、IBM、ディズニー、ボーイング、BMW、ナイキなどの名が挙がっています。

　教育先進国といわれるフィンランドでは、小学生の国語の授業にマインドマップが「カルタ」という名で教えられており、フィンランド教育の成功要因の1つに挙げられています。

　日本でも富士通、トヨタ、第一三共などの企業や日本サッカー協会、宮城県の登米市などの研修や会議で、マインドマップが活用されています。他にも、多くの学校や塾などで活用されている報告があります。

(1)　米国の事例

　トニー・ブザンなどの『マインドマップ・リーダーシップ』(参考文献[15])でも取り上げられている、米国での事例を以下に紹介します。

1)　米国ボーイング社の例(参考文献[20])

　ボーイング社では飛行機の製造マニュアルが膨大な数に上がり、社員の研修に相当の時間がかかっていました。そこで7mのマインドマップを作成して研修に活用したところ、研修期間を大幅に短縮できたうえに、1000万ドルの経費を削減できました。

2)　公共サービス会社「コン・エジソン社」の例(参考文献[15])

　コン・エジソン社は、電気・ガス・蒸気を300万以上に提供している、ニューヨーク市の公共サービス会社です。この会社は2001年9月に起きた同時多発テロの後、専門家チームを結成し、災害のあった地域で働く社員のための安全対策計画を企画しました。その際に、マインドマップ作成のソフトウェアを活用して、アクションプランを作成しました。

3)　クスコ・メキシカンレストランの例(参考文献［15］)

　米国ルイジアナ州にある「クスコ・メキシカンレストラン」のビンセント・ルイザ・ジュニア社長は、お客様が夕食後に駐車場に戻ると自動車が盗難されることがしばしばあり、大変な悩み種となっていました。警備保障会社に依頼して、付近の照明を明るくしましたが、問題は一向に解決しません。

　そこで、社長は問題解決のために、大きな白紙を全員が見える店内ホールの壁に貼り、現場のメンバー全員からアイデアを求めました。すると、現場のメンバーたちが次々とアイデアを書き加えていったのです。このマインドマップのおかげで、厄介な盗難問題を解決することができました。

4)　ラジオ局(LITE FM 局と MAJIC 局)の例(参考文献［15］)

　米国南フロリダのラジオ局、LITE FM 局と MAJIC 局は聴取率も売上も利益率も、南フロリダのラジオ局ではトップの成績を常に上げている局です。その秘密にマインドマップがあります。

　局の幹部たちは、会社のビジョンを描いたマインドマップを、壁にいつも張り出し、営業マン全員にマインドマップの書き方を教えています。営業マンは得意先相手に、ラジオの効果を記入したマインドマップを示しつつプレゼンテーションをして、相手に強く記憶させ、検討用として得意先に置いていくのです。このようなマインドマップの使い方が、業績トップの結果を生んでいます。

5)　個人の活用事例(参考文献［15］)

　個人の活用では、食品業界で新商品開発のビジネスモデルを構築しているグレッグ・ホーンの例があります。パワーポイントで作成されたプレゼンテーション資料をすべて捨て、ビジネス全体を紙1枚のマインドマップにまとめた資料を投資家に見せて、1500万ドルの資金を得たという、彼のエピソードは大変印象的です。

6)　教育への活用事例(参考文献［15］)

　マンダリン・オリエンタル・ホテル・グループの役員のマイク
は、キャリア・アップのため、通信制 MBA で学びました。彼は、
すべての授業をマインドマップにまとめ、壁に貼って復習に使うこ
とで、大きな効果を上げました。

(2)　日本の事例

　日本でもマインドマップは、ビジネス・教育・医療から行政など多方
面で活用されています。

1)　富士通の例(参考文献［17］)

　富士通は年間で約 450 ものワークショップを、企業・自治体など
さまざまな組織とともに開催しています。富士通はこの取組みを
2017 年に、Human Experience Design というデザインアプローチ
にまとめました。このアプローチのプロセスは「ビジョンの策定」「コ
ンセプトの開発」「ビジネスの検証」という 3 フェーズ構成です。

　富士通は、ユナイテッドアローズとともに、2014 年から 2016 年
にかけて上記のプロジェクトを実施しました。このプロジェクトの
「ビジョン策定」フェーズでは、4 回のワークショップを実施しま
した。最初のワークショップでは、社外の有識者からのインプット
を活用して「店舗のありたい姿」を考えましたが、これを可視化す
る手段としてマインドマップを活用し、11 の重要なキーワードを
抽出しました。そして、これらのキーワードをもとに各人が、「店
舗のありたい姿」を文章化して整理し、明文化しました。

2)　㈱ネットプロテクションズの例(参考文献［18］)

　ネットプロテクションズは、毎年 150％も規模を拡大している情
報通信の会社です。急成長会社なので、次々と増える社員に会社の
膨大なノウハウを伝えることがうまくできず、悩んでいました。

そこで、業務プロセスを時間軸で見せるために IBM のツール Blue work Live を活用、そしてノウハウのグループ共有化のためにマインドマップを活用しました。マインドマップを活用した理由は、「皆で見ながらそして楽しみながら、情報を整理し発想するのに向いているから」でした。

3)　教育に活用した例

① 　ブザン教育協会の取組み：トニー・ブザンが公認する協会は日本で 2006 年に設立され、ビジネス界、学校、大学などで、マインドマップの研修を実施しています。

② 　㈱リンクアンドモチベーションの取組み：さまざまな教育を実施するなかで、2009 年から企業を主対象に「マインドマップ研修」を販売し始めました。

③ 　学習塾の例：関西の RAKUTO や静岡県の秀峰スクールは、児童たちを中心にマインドマップを教えています。子どもたちはテキストの内容をマインドマップにまとめるなどして、授業内容の理解促進に活用しています。

④ 　市立伊東市民病院の例：臨床研修センター長の八森淳氏は、医療の各種事例をマインドマップにまとめ、横浜市で行われている「見える事例検討会」で参加者に見せて、事例の検討に活用しています(参考文献 [19])。

⑤ 　宮城県登米市役所の例：職員の創造性の開発を推進するために「マインドマップ研修」を導入しています。

このようにマインドマップは紙 1 枚さえあれば、すぐにどこでも記録や発想に使えますし、それを使って文章化したり、プレゼンでの活用が期待できます。あなたもとても簡単に学べて、気楽に作成でき、すぐに使えるマインドマップを、ぜひ活用してください。

（髙橋　誠）

第8章

NM法
―類比をヒントに独創品を発想する―

1. NM法の概要

　NM法という名称は、中山正和氏(1913 ～ 2002。創造技法の権威で技法考案者)の姓名からつけられたものです。

　NM法は、あるテーマを深掘りするとき、「何かそのテーマに"本質的に似たもの"がないか」と類比(Analogy)を利用して発想していく「類比発想法」です。類比発想法には、米国のウィリアム・ゴードンが考えた「シネクティクス」という技法があります。中山氏はこのシネクティクス社を訪ねてNM法を紹介しました。すると、シネクティクスの共同開発者ホワイト博士が「これはすごい。シネクティクスより簡便だ」と語ったと、髙橋(筆者)は本人から聞きました。

2. NM法の特色
(1) NM法の前提となる脳のメカニズム

　人はピンチのとき、窮したとき、切羽詰まったとき、アイデアが出るとよくいいます。著名人も以下のようにいっています。

　京セラを創った稲盛和夫氏(1932 ～)は、「ノイローゼになるまで考えると、摩訶不思議な力が湧いて問題を解いてくれる、または神様が手を差し伸べてくれる」と述べてます。日本数学史上最大の数学者といわれる岡潔先生(1901 ～ 1978)は「考えて、考えて、答えがない、これが問

題だ」と、問題を解くために3週間考えた後、奈良の自然のなかを散歩して考えると、机の上に答えがあったといいます。禅宗の初祖である達磨太師(6世紀頃)は、「壁に向かって9年考え、手も足もなし、手段を使い果たした後に、創造の眼が開く」といっています。

これら著名人の精神性はとても素晴らしいのですが、現代人には適しません。現代の子どもたちは大人になるまで大事に大事に育てられたせいで、精神的に弱い子が多いのではと思われます。これではいざというときに役に立ちません。

大脳生理学の権威で東京大学名誉教授だった時実利彦氏(1909～1973)は「脳にはしごきとスキンシップが大切」といい、夏目漱石は「芋こじ」が大切といいました。これは泥だらけの芋を桶に入れ水を注ぎ板でゴシゴシかき混ぜると、泥が解けて皮がむけて綺麗になり、強くなるという意味です。2人とも鍛え上げることの大切さをいっています。

現代のビジネスマンに、窮する・ピンチ・切羽詰まる状態でアイデアを創出させるのはなかなか難しいでしょうが、小さな改善や改良(A→A'→A"…)ならできます。まずは小さな改善を手がけるようにしましょう。小発明王といわれた松下幸之助氏(1894～1989)は「小さな改善が集まれば革命が起きる」といいました。このような姿勢が日本企業の発展に大いに役立ってきました。しかし、現代のようなグローバル社会では大改革や大発明(A→B→C)が日常的に要求されてきます。

著名人の精神性は容易に真似できませんが、小さな改善にも大改革にも使えるNM法は簡単に実践できます。

(2)　NM法を実施するポイント

NM法を実践するためには、身につけるべきポイントが4つあります。

1)　問題を明確化しようと強い情熱をもつ

「悩みの80％は、そもそも何が悩みかわからないこと」といわれ

ます。つまり悩みの原因を明確化できれば、80％の問題は解決できるということです。

　天才物理学者のアインシュタインは「かわいい女の子に問題を話しなさい」といったそうです。つまり、問題の明確化には、情熱をもって、関連情報に興味のない人にも伝わるよう、理解しやすく噛み砕き、丁寧な言葉で表現することが大切なのです。

　問題を明確化するアプローチは他章でも紹介されていますが、やり方は違っても、まずは好きな人に思いを伝えるような、情熱をもって取り組むことが、理想的なのは変わらないでしょう。

2)　普段から観察力（五感）を磨く。特に観る（六眼）を意識する

　普段から五感（視覚・聴覚・触覚・味覚・臭覚）それぞれを研ぎ澄まして、それらにもとづく観察力を活性化することが大切です。

　特に観ることを意識することが大切で、そのためには以下のような「六眼」の考え方が参考になります。

①　密眼：物事を精密に見ること
②　莫眼：創造の眼を養い、異質結合（A＋B＝C）を行うこと
③　童眼：子どものように夢を描き、夢を追い、夢を叶えること
④　洞眼：小さな変化も見逃さないこと
⑤　自在：右脳に蓄えたイメージなどを活用する際に大切なのは、過去の経験にとらわれないように、あるがままの自然の姿で自由自在に物事を見ること
⑥　慈眼：自分の心を大切にするように、相手の心や物を大切にすること

3)　創造する脳のメカニズムを知る

　名人は難しい問題でも、さまざまなモデルを自在に使って容易に解いてしまいます。しかし、このような脳が創造する働きは、凡人にも起こすことができます。

　右脳は映像脳(直観などを活かした創造的思考の脳、ひらめきの脳)といわれ、左脳は言語脳(言語を中心とした論理的思考の脳)といわれます。

　人間は命の危機を感じると、目の前の危機を脱するために、右脳に蓄積されたイメージ(データ)を高速で処理しつつ、必死で役立つAnalogy(類比、類似)を探すため、自由自在な発想を出しやすくなり、さまざまな直観が生まれるといわれます。

　NM法は、このような直観の働きを、物理学をベースに、大脳生理学・心理学・哲学の成果を交え、それに東洋の宗教、特に禅の考え方も取り入れてモデル化した技法です。

4)　固定観念を切り離す

　実際にNM法を使う場合、気をつけるべきは固定観念です。過去の経験にとらわれては、新しい考えが出ません。強い理性をもつ人、過去の実績が素晴らしい人は、固定観念や先入観にとらわれがちです。世の中は常に変化する無常です。他の技法では「固定観念を打ち破る」ことも意識していると思いますが、禅の考え方を応用して「固定観念を切り離す」ことを試みるのもよいでしょう。

　禅には臨済禅、曹洞禅、達磨禅のような本格派もあり、可能なら活用してほしいと思いますが、池澤流の「ぐうたら禅」もおすすめです。この禅は本格派ではなく、基本的に気楽に座って黙想するだけでよいからです。それも厳しいビジネスマンの方には、まずはNM法で「固定観念を切り離す」訓練をしてほしいと思います。

　名のある経営者の方は、眼前の変化に対する対応力が身についています。例えば、昭和の著名な財界人・経営者も「朝令暮改は善なるもの(土光利光)」「朝令昼改(松下幸之助)」「朝令朝改(本田宗一郎)」といっています。

（3）　Analogy（類比）の重要性

　お釈迦様は村人が困っているとき、智恵をたとえ話の形式で授けることが多かったそうです。例えば、子育てに困って相談に来た人にお釈迦様が趣味を尋ねると「植木」と答えたので、お釈迦様は「植木の育て方も、子どもを育てるのも同じ」（植木の育て方を子育てに応用すればよい）という知恵を授けました。このように、相手の環境に合わせて簡潔に問題解決の本質を伝える力をもつのが、Analogy（類比、類似）なのです。

　NM 法では、Analogy を促すのに、キーワード（Key Word：KW）、つまりテーマの本質を捉えた言葉を考えます（表 2.1）。

表 2.1　テーマ・キーワード・Analogy の例

テーマ	キーワード	Analogy
①ボイラー	交換する	汚れた血と新しい血を交換する内臓
②ヘリコプター	飛ぶ	竹トンボ
③ベンゼン C_6H_6 の構造式	円環にする	有機化学者のケクレ（1829~1896）は、ヘビが尻尾を咬み丸くなる夢を見て発想した。
④自転車のタイヤ	ふくらむ	動物のお腹。 →発明家のダンロップ（1840~1921）は、タイヤはお腹の構造と似ていると考え、ゴムのチューブを使い、タイヤを考案した。
⑤定期券の自動改札機	流れ（経路）	木の枝 →大阪大学の大学院生（白川功氏）は、定期券経路の流れを木の枝に見立て、21 個の穴で駅や経路を判定する方法を考案した。

3.　NM 法の進め方

　テーマをできるだけ具体的にしたら、テーマの語句（動詞、形容詞など）や Analogy からキーワードを抜き出すと、テーマを抽象化できます。こうして、過去の経験や固定観念を切り離すのです。

　キーワードは身近な家庭、職場、学校といった場面を想定してもよい

し、自然界の運動(落ちる・飛ぶなど)としてもよいのです。

　NM 法のステップは以下の 5 段階となります。

1)　KW：Key Word(テーマの本質)

①　テーマを抽象化する(ぼかす)。

②　テーマを動詞または形容詞で表わす。

2)　QA：Question Analogy(類比の発想)

　例えば、テーマに類似する形・色・動きなどの Analogy を、自然界を大切に家庭、職場、学校といった身近な場所やインターネットや書籍などの情報媒体から探します。できれば多人数で探します。

3)　QB：Question Background(類比の背景)

　Analogy を見つけたら、その概要・あり方について考えます。よい観察、よい調査を意識して行うことが大切です。

4)　QC：Question Conception(アイデア発想)

　3)までに観察・調査した Analogy が何の問題解決に役立つのかを、探求します。テーマの解決に役立つのなら、多少無理のある Analogy でもよいし、無理やり Analogy 同士を結びつけて発想してもよいです。特にテーマ X とヒント Y(Analogy)とが、異質なものほど、よいのです。

5)　QD：Question Development(解決案の開発)

　4)で数多く出したアイデアのなかから光るものを選び出し、具体策としてまとめます。

4.　NM 法の活用事例

　具体的な NM 法の活用事例は以下のとおりです。

(1)　テーマ：高層ビル(10 階)の火災時の脱出装置の考案

　NM 法の進め方を、この例で解説すると次のようになります。

1) **KW（テーマの本質）：テーマを抽象化する**

　飛ぶ、捕まえる、脱出する、浮く、すべる、離れる、など。

2) **QA（類比の提案）：「例えば〇〇のように」の〇〇を探す**

　トンボ、ムササビ、鳥、蓑虫、トビウオ、イルカ、蚊、花粉、タンポポ、コバンザメ、蜘蛛の巣、など。

3) **QB（類比の背景）：上記〇〇の概要や細部を深掘りする**

4) **QC（アイデアの発想）：QB を無理やりテーマに結びつけて、アイデアを創出する**

　以下の QA に対して出された QC の例は、次のとおりです。

　　① （QA：ムササビ）→ QC「広い布を広げて降りる」

　　② （QA：さる、ヘビ）→ QC「棒や紐で降りる」

　　③ （QA：コバンザメ）→ QC「吸盤をつけて降りる」

　　④ （QA：クモの巣）→ QC「網を張って下へ、横へ逃げる」

　　⑤ （QA：登山）→ QC「壁に金具を打ち込んで逃げる」

5) **QD（解決策の開発）：QC から光る内容を発展させ解決策とする**

以上は**図 2.5** のように展開されます。

(2)　NM 法的な Analogy 発想が現実化した事例

　NM 法のような Analogy を使って考えられた例には、次のようなものがあります。

　　① （事例 1）ブルドーザー：bull（牡牛）が、ものを運ぶ形から。

　　② （事例 2）パワーシャベル：ペリカンの嘴の形から。

　　③ （事例 3）中間子の仮説：理論物理学者の湯川秀樹先生は、夢の中で、子どもたちがボウル遊びしていたのを見て発想した。

(3)　NM 法の実践に向けて

　筆者の池澤も髙橋も、数多くの企業で NM 法の訓練を実施してきま

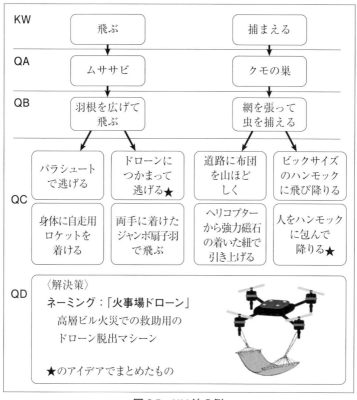

図2.5　NM法の例

した。NM法はとても面白くユニークな技法なので、NM法講座に参加された方々は、皆とても楽しんでいました。

　中山氏が「NM法は発想の技法であるが、頭の使い方を変えたいときに便利な手法である」と語ったとおり、世の中にはAnalogy（類比）を活用して発明された事例は山ほどあります。あなたにも、Analogy思考をぜひ活用してほしいと思います。そのためにはNM法は大変手軽です。まず、身近な問題の解決にNM法を使ってみてください。

（池澤七郎、髙橋　誠）

第 9 章

行動観察
―場における 1 人の行動から新たな価値を生み出す発想法―

1. 行動観察の概要

　現在、世の中でイノベーションの創出（＝新価値の創造）の必要性が大いに高まっており、イノベーション創出において行動観察が重要であることが今や常識になりました。デザイン思考（第 13 章）においても、まず最初に「観察」のフェーズが存在します。

　筆者の提唱する行動観察（Foresight Creation）は、「場で観察をすること」だけにとどまらず、その後のインサイト（洞察）を導出すること、そしてそのインサイトを元にソリューションを生み出すこと、そしてそれを実行することまでを包含した、大きな枠組みの方法論です。現在ビジネスに応用されている行動観察は、以下のように定義されます。

　「ある課題に対して、観察者がさまざまなフィールドに入って、対象者の行動や背景にある情報をつぶさに観察したうえで収集し、それらの事実を統合しリフレームすることで、本質的なインサイトを導出したうえでソリューションを提案し、実行すること」

　「インサイト」と「リフレーム」は、以下のように定義されます。

　　①　インサイト：“複数の事実”を俯瞰し、統合することで生まれる新たな仮説のなかで、“本質的だと確信”できるもの

　　②　リフレーム：ビジネスにおいてそれまで常識とされていた解釈やソリューションの枠組み（フレーム）を、新しい視点・発想で前

　　向きに作り直すこと

　　行動観察（Foresight Creation）の方法論の概略を、**図 2.6** に示します。

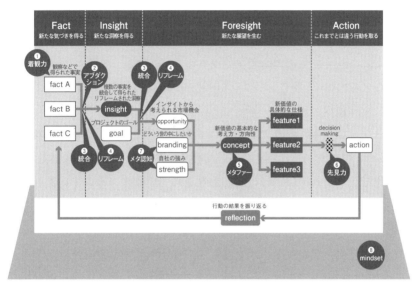

図 2.6　行動観察（Foresight Creation）の全体図

　サービスや製品における新価値創造や、さまざまな現場における本質的な洞察を得るためには、まず「場」に赴き、その場で事実（fact）、つまり人の行動や話されている内容、感じられる空気感を収集する必要があります。これらに限らず、さまざまな社会で起きている現象や学術的な知識を駆使して、洞察（insight）を出します。

　ここで重要なのは、このインサイトがリフレームされていて、「意外な真相（新規性と妥当性を兼ね備えた仮説）」となっていることです。その「意外な真相」をもとにして、新たな展望（foresight）を発想します。

　コンセプトを決め、それに伴う仕様を明らかにした後、意思決定をしたうえで実践につなげます。これらのプロセスですべての土台になるの

が、マインドセット（自己効力感、チャレンジ精神、他己実現）です。

2. 行動観察の特色

　行動観察がイノベーション創出に寄与できるのは、「潜在ニーズ（ユーザーや現場の人たちが言語化できないニーズ・課題）」を抽出できるからです。これまで主流だったアンケートやインタビューといった方法論で得られるのは、「顕在ニーズ（ユーザーや現場の人たちが言語化できるニーズ・課題）」です。

　成熟社会になると既存の価値はコモディティ化するのが、早くなります。また、顕在ニーズに応えることで価値を生み出すことは重要ですが、言語化できる困り事は、ほぼ対応がなされています。そこで、顕在化していない、潜在的なニーズや課題を「意外な真相」として捉えて、その仮説にもとづいてソリューションを考えることが重要となります。こういったプロセスが、イノベーションにつながっていくのです。

　「意外な真相（リフレームされたインサイト）」を導き出すには、場に足を運んで観察する必要があります。入浴時にお湯が溢れるのを見て「エウレカ！」と叫んだアルキメデスの例を持ち出すまでもなく、新たな発想・理論・価値は、何らかの「場における観察」から始まっています。

　行動観察の方法論を Foresight Creation として理論化するに当たって、従来から存在する方法論（デザイン思考、U 理論、クリエイティブシンキングなど）を精査しました。その結果、行動観察を含めて、すべての方法論には共通する考え方があることがわかりました。

　これらのエッセンスを統合し、「プロセス（どういう流れで実施するものか）」と「必要なコンピテンシー（プロセスの各ステップを実践するに当たって必要な能力）」として整理し、後者を「8つの玉」として、それぞれをトレーニングする手法とともにまとめました。

　8つの玉とはそれぞれ、「①着観力、②アブダクション、③統合、④

リフレーム、⑤メタファー、⑥先見力、⑦メタ認知、⑧マインドセット」
です（図 2.6）。

3. 行動観察の進め方

行動観察（Foresight Creation）のプロセスは、以下のとおりです。

（1）　事前準備

1）　目的に合わせて、適切な「場」を決めます

例えば、家庭での調理についての新価値を創造しようとする場合
は、「家庭のキッチン」が場になり得ます。

2）　適切な対象者を選定します

「一般的（平均的）なユーザー」ではなく「正規分布の両端にいる
ユーザー」を選ぶことになります。例えば、「すごく凝った調理を
するユーザー」と「ほとんど調理しないユーザー」です。通常は5
〜8人程度の対象者を観察します。

（2）　fact：観察からの気づき

1）　場を訪問し、対象者に目的を説明します

2）　日常生活を観察します

対象者との信頼関係（ラポール）を形成することが重要です。

3）　観察するときに、気づいたことについてメモをとります

このときに、「事実」と「解釈」を必ず分けて記述します。

4）　観察の途中か終了時に、インタビューをすることがあります

（3）　insight：洞察

1）　観察された膨大な事実を、ワークショップ参加者で共有します

2）　「似たような事実」を集めてグルーピングすることはしません

それでは「既存の枠組みでの情報の整理」でしかないからです。それよりも、得られた事実を俯瞰しながら、「統合されたインサイト」が頭の中に生み出されるのを、ひたすら待ちます。

　3)　リフレームされたインサイトが得られたら、そのインサイトが他の事実（世の中の動向も含む）を説明できるかを検討します

　特に「新規性（従来の常識とは異なる）」があり、かつ「妥当性（その仮説でさまざまなことが説明できるか）」の高いインサイトを選び、それをキー・インサイトとします。

（4）　foresight：未来への展望

　1)　キー・インサイトから市場機会（opportunity）を考えます

　2)　自らの「どういう世の中にしたいのかという意志」と「自社の強み」、そして「市場機会」の3つを統合し、新価値の「コンセプト」を明確にします

　3)　コンセプトをもとに、新価値の仕様を検討します

　4)　意思決定を経て、その新価値を具現化します。通常は、具現化した後に、ビジネスとしてスケールできる形（プロダクト）にする検討を行います

　5)　世に出した結果どうなったかを振り返ります

4. 行動観察の活用事例
（1）　「高齢者向け新規サービス創出」での活用例

　本プロジェクトは、高齢者をターゲットとした「新規サービス事業」を検討するために実施されました。

　1)　fact：観察からの気づき

　①　ある高齢者の家を訪問すると、リビングに4枚の写真が飾ってありました。どの写真にも、「米国の卒業式のようにガウンを着

て角帽をかぶる犬」が写っていました。聞くと、この高齢者は自分が飼っている犬を「犬の幼稚園」に通わせていることがわかりました。

② 　別の高齢者の家では、孫の結婚式の写真が飾ってありました。この式の直前に別の孫から電話がかかってきて「おばあちゃん、ごめん。従妹の結婚式に参加できない。今スペインに留学していて、飛行機代がかかるから」と伝えられました。「じゃあ、私が飛行機代を出してあげるから帰っておいで」と答えたので、この写真にその孫が写っているとのことでした。

③ 　さらに別の高齢者の家でお話を聞いていると、宅急便で新巻鮭が届きました。「お一人暮らしですよね？　これ全部ひとりで食べるのですか？」とお聞きすると、「いや、ご近所や娘夫婦に配るんです」とのことでした。

2)　insight：洞察

上記を含む膨大な fact を統合することで、導き出したインサイトは「高齢者はサービスを受けたいというよりも、自らが誰かにサービスを提供したいのではないか」です。

他者（飼っている犬、孫、近所の人たち）に貢献し、何らかのサービスを提供するため、お金と時間を使っている行動をとっていることから考えると、上記のインサイトが妥当であると推察されます。

3)　foresight：未来への展望

通常、高齢者向けの新サービスを検討するときには、「高齢者がサービスを受ける側」としてのみ発想しがちです。しかし、上記のインサイトを元にすると、これまでにない価値を発想できます。

高齢者を「サービスを提供する側」として考え、何らかの「高齢者がサービスを提供できる場」を数多く準備しておき、そこに属する会費を支払ってもらうビジネスをすれば、高齢者の潜在ニーズに

応えることができると考えられます。

(2) 「人間とモノとの関係性の再定義」での活用例(Re：you)

本プロジェクトは、大阪大学における Foresight School(新しい価値を生む学校)を受講した学生によって実施されました。

大阪大学のチームは、文部科学省補助事業としての起業家人材育成プログラム「EDGE プログラム」の一環として開催された「EDGE INNOVATION CHALLENGE COMPETITION 2017」に参画して本結果をプレゼンしました(その結果、本チームは優勝しました)。

1) fact：観察からの気づき

① 休日にレストランに行くと、隣でカップルが食事しているが、2人はほとんど会話していない。

② ある会社に行ったら、トイレに貼り紙がしてあり、"トイレットペーパーでイタズラしないで"と書かれていた。

③ 年配の男性社員が、誘い合わせて女性のいるお店に行く。

2) insight：洞察

上記の事実から得られたインサイトは以下のとおりです。

• 今、世の中には承認の貯金が足りていないのではないか。

• 休みの日にデートしている人たちでも会話がないのは、「他人への興味を失っている」のではなくて、本当は「自分自身への興味を失っている」のではないか。

• 「自分自身のことを、もっと知りたい、理解したい、もっと認めたい、というニーズが世の中にある」と考えられる。

3) foresight：未来の展望

• 「自分の心情を素直に吐露すればフィードバックが返ってくる聞き役」と、「自分が何を考え、どこに向かいたいのかを、気づかせてくれる気づかせ屋」の両方を兼ね備えた、「気軽に自分を認

めさせてくれる存在」としてのモノ・サービスが必要である。

- 提供する価値は、「人がモノに自己開示し、モノが人にフィードバックを返し、そのうえで人間が内省をするという、"自分を見つめ直させてくれるモノとそのサービス"」。

　この Re：you のコンセプトは、"バーのママ"。Re：you は、話をしっかりと聞いてくれ、フィードバックを返してくれる。しかし、ああしろ、こうしろ、と指示は出さない。あくまで気づかせ屋であり、聞き役である。

- 具体的な仕様は、さまざまなセンサーを通じて得た生体情報で、交感神経と副交感神経のバランスなど、感情の起伏を測定する。

　そして、1 日の感情の揺らぎが、特にポジティブだったときや特にネガティブだったときについて Re：you がユーザーに「何があったの？」「そのときにどう思ったの？」と問い掛けをして、カウンセリングを行う。

　これにより、ユーザーは自分で自分の状態に気づき、理解し、自身からの承認を得ることで本来の自分を取り戻し、打たれ強くなり、自分の向かいたい道に進んでいくことができるようになる、と考えられる。

(3)　「地域活性の新サービス」での活用例（人生インターン）

　本プロジェクトは、大阪大学 Foresight School において、徳島県美波町という地域を活性化するための「新サービス」を検討するために、実施されました。

1)　fact：観察からの気づき

美波町をフィールドワークした結果、以下の事実がわかりました。

① 　高齢化した地域では、各家庭に細かい困り事（例：ふすまが動きにくい）が多く、82 歳の町内会長が解決して回っている。

② 都会から人に来てもらって、農業体験をしてもらうなどの施策をしたが、移住の効果は限定的だった。

③ 都会とは違った場なので当然、都会とは全然違う経験をする。

④ 「おやっさん」といわれる影響のある年配の男性が何人かいて、この方々が事実上この地域の文化を形作っている。

2) insight：洞察

以下のように、いくつかのインサイトが得られました。

- 美波町は、滞在しているだけで多くの学びが得られる場である。
- この地域の一番のリソースは「いろいろなことをズバッと言ってくれるおやっさんたち」である。
- 移住する人がいれば一番いいが、それは難しいので、本当に必要なのは「関係人口（この地域のことを気にかけていて、時々訪れてくれる人たち）」ではないか。

3) foresight：未来への展望

「人生インターン」というサービスを実施してはどうか。

- 都会で悩んでいる人（社会人や学生）が美波町に来て、一般の家庭に２泊の居候をする。食事と寝る場所は提供される。
- 訪問者の人たちは、滞在している家の手伝い（例：裏の畑の草抜き）や地域の手伝い（例：お寺の集会のためのおにぎりづくり）をしなければならない。
- 上記の「一般家庭での滞在」終了後、訪問者全員で集まり、美波町の体験を元に、「これまでの自分自身の振り返り」を行う。
- 以上の体験により、美波町の人たちと訪問者が深い関係性をもつことになる。これにより、訪問者は「悩んだときには学びの多い美波町に」と「学びの場」を得ることになり、美波町に「関係人口」が増えていくと考えられる。

（松波晴人）

第Ⅲ部

アイデアを
企画にまとめる
技法

第 10 章

KJ 法
―W 型問題解決学が基本の発想法―

1. KJ 法の概要

　KJ 法は、文化人類学者で日本創造学会初代理事長の川喜田二郎氏（KJ は氏の頭文字）(1920 ～ 2009)が現場調査をまとめるために考案した技法です。

　KJ 法のプロセスは、まずさまざまな現場データや各人のばらばらの意見をラベルに記入します。次に内容が本質的に似たものをグループ化し、その言わんとする意味（志）を汲んで一行見出しを作ります。このプロセスを階層的に繰り返し、新たな仮説を発見しようとするものです。

　その進め方は以下となります[1]。

〈KJ 法の進め方〉

　①　テーマ（課題）を決める。

　②　フィールドワークなどを経て、データを集める。

　③　データをラベルに記入する。

　④　志が同じラベルを集める。

　⑤　各グループに一行見出しをつける。

　⑥　グループ集めと一行見出し作りを、階層的に繰り返し、上位概念の構造にまとめていく。

---

1)　詳細は、日本創造学会ウェブページの解説(http://www.japancreativity.jp/category/kj.html)を参照してください。

⑦　グループ間の関係性を分析し、安定な空間配置を求め、模造紙
に配置する。

⑧　図解を口頭発表したり、文章化をする。

KJ 法は日本で誕生した創造技法では一番使用されていますが、W 型
問題解決学 2) を基本とし、創造的問題解決のプロセス・モデルを提供す
るため、これを忠実に実行すれば各種のプロダクトが産出されます。

本章では以下、KJ 法こそがプロセスイノベーション、プロダクトイ
ノベーション、マインドイノベーションの引き金となる方法論であるこ
とを、実践事例とともに紹介していきます。

2.　KJ 法の特色―移動大学と W 型問題解決学

筆者は学生時代、川喜田二郎氏が提唱し開催された、第 1 回「くろひ
め移動大学」に参加しました。この移動大学で、筆者は教科書(参考文
献 [1])の一部を黒姫移動大学 B のユニット・リーダー(牧島信一氏)と
組んで執筆しました。本書籍は当時のベストセラーとなり、23 版まで出
版されました 3)。移動大学(参考文献 [2][3]) 4) の運動は、W 型問題解決学
という方法論(参考文献 [1])と KJ 法を武器に「日本列島を教科書に」学
んでいこうという川喜田二郎氏の壮大な構想の一環で、KJ 法のアウト

---

2)　川喜田二郎氏が、KJ 法を提唱した『発想法』(中央公論社、1967 年)のなかで「いかな
る仕事も 12 段階で成り立つ」と主張したことを、さらに『問題解決学』(川喜田二郎・牧
島信一、講談社、1970 年)のなかで深めて提唱した理論体系。各基本ラウンドの骨子は
本章第 2 節末に挙げた①〜⑨のとおりですが、その詳細や全体像は『人工知能学大辞典』
(人工知能学会編、共立出版、2017 年)の「ナレッジマネジメントと KJ 法」を参照して
ください。

　なお、KJ 法 ® は㈱川喜田研究所によって商標登録されています。「KJ 法」の名称が
印刷物として初めて使われたのは、日本独創性協会の機関誌『独創』No.8(1965 年)です。

3)　筆者は、同時にロボット研究の第一人者である森政弘氏(1927 〜)の創造工学演習に
傾倒し、創造思考・デザイン思考・プロトタイピングを融合した方法論(参考文献[4][5])
を修得しています。

4)　移動大学は 1999 年までの間に、全 2 週間の本格版 18 回と、縮小版 4 回の計 22 回行
われました。1999 年を最後に開催されていない理由は、テントの老朽化と聞いていま
すが、参加スタッフの高齢化も一因です。

プットでプロダクトイノベーションを実世界で起こそうというものでした。

筆者は21世紀を迎えた2008年以来、ミニ移動大学(参考文献 [7])運動を提唱して、各種のモノ・コトを創造するとともに、多くの創造人材・イノベーション人材を育成してきました。ミニ移動大学運動に参加した院生や住民が現実世界を観察すると、彼らにマインドイノベーションが起こり、その結果、多くの企画・地域活性化プランが生まれました。

移動大学やミニ移動大学運動には、W型問題解決学の進展が影響を与えていきました。また、KJ法の前提は「人間の創造的問題解決は個人であれグループであれ、共通のプロセス・モデルがあること」です。

筆者らは多くの移動大学の参加者・主催者の経験をもとに、W型問題解決学のプロセス・モデルを以下のように微修正(参考文献 [6])しました。それは、①課題提起ラウンド(R1)、②現状把握ラウンド(R2)、③本質追求ラウンド(R3)、④ネガ・ポジ変換本質追及ラウンド(R3.5)、⑤構想計画ラウンド(R4)、⑥具体策ラウンド(R5)、⑦手順の計画ラウンド(R6)、⑧実施ラウンド(R7)、⑨本質検証ラウンド(R8)、⑩振り返りラウンド(R9)から成ります。特に地域や組織の絡む問題ではR3.5の導入が必要であり、どのようにネガティブな本質でもポジティブに表現し直し、元気の出るポジティブな課題解決提案をすることが必要です。

3. KJ法の事例と進め方
(1) 未来のものづくりへの適用

KJ法は未来のものづくりの予想に応用できます。具体的な事例として、筆者が2004年に某シンクタンクから依頼された「21世紀カーのデザイン」という問題を考えてみましょう。このとき、自動車会社からは「"燃費や環境対策"以外のアイデアが欲しい」と依頼されました。

最初に教員2名、クルマ好きの院生3名を集めてブレインストーミングをしてグループKJ法A型にまとめた一部は図3.1のとおりです。

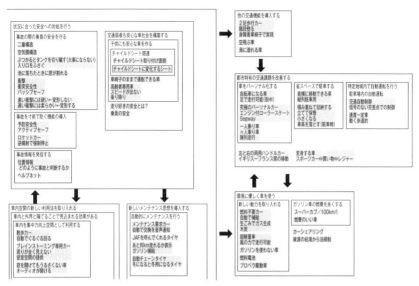

図 3.1　「21 世紀カーのもつべき機能」についてまとめたグループ KJ 法 A 型（一部）

　図解するなかで明らかになった概念の創造も、クルマというメカニズムのなかで実装できなければ話になりません。そこでデザインの世界で標準的なアイデアスケッチを取り入れ、実装のイメージをイラスト化しました。代表的アイデアは以下のとおりです。

① 　車椅子に座ったまま運転できる車の構造提案。4 人まで車椅子で助手席などに乗り込める

② 　安全志向のシート。首に対して固く、腰に対して柔らかい設計

③ 　運転中の運転手の死角情報を、カメラでキャッチし、車のディスプレイや窓ガラスに映写できるシステム（**図 3.2**）

④ 　車の周辺のにおいや音を、運転手に通知できるシステム

⑤ 　集団走行する車同士で、コミュニケーションできるシステム

⑥ 　道路の速度制限内に、自動的に減速するシステム

⑦ 　危険物を見つけると、自動的に運転をストップさせるシステム

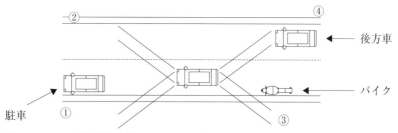

■ドライバーが外部情報を得るための、視覚・聴覚・嗅覚のサポートシステム
■車のさまざまな場所にカメラを取り付け、運転中の前方や後方など死角になる部分を、カーナビなどの画面に表示させる

図 3.2　運転手への死角情報認知システム

⑧　高速道路で、車間距離を一定に保つシステム

⑨　前の車のカーナンバーを読み取り、警察のもつ車の安全情報や個人情報から、車間距離をより安全に広げるシステム

⑩　運転手なしでも、駐車場の空きスペースに車を移動させるシステム

　これらの多くは 2014 年の日産のエマージェンシー・ストップのように、日本とドイツの自動車メーカーによって実現されました。

(2)　ソフト開発への応用

　KJ 法のプロセス・モデルは、ソフトウェア工学では要求工学と呼ばれるものに等しく、日本ではコンピュータメーカーがソフト開発の仕様を獲得するために使われています。

　この支援ツールとして、富士通などでは C-NAP と呼ばれるツールが提供されていますが、ソフトウェア開発では**表 3.1** のように進めます。

　R4 から R9 までのラウンドは、一般に大規模ソフトウェア開発モデルへと適用されていきます。また、最近では R4 から R9 までのラウンドを繰り返すことで、ラピッドプロトタイピング、プロトタイピング、実用システムを提供していることも多いのです。

表 3.1　ソフトウェア開発のプロセス

ラウンド数	定義
R1	KJ 法で与えられた課題を明確化するラウンド
R2	KJ 法でステークホルダーすべてのあいまいな要求を入手し、ラベル化し、まとめるラウンド。あいまい要求獲得ラウンド
R3	KJ 法でステークホルダーのあいまいな要求を、ソフトウェアの入出力仕様というクリスプな論理的仕様(仕様書)に、変換するラウンド
R4	システム仕様の定義ラウンド
R5	概念設計および機能設計のラウンド
R6	詳細設計、インプリメンテーションおよびデバッグのラウンド
R7	フィールドテストおよび最適化のラウンド
R8	システム検証のラウンド
R9	ドキュメントの作成および使用ノウハウの文書化のラウンド

(3)　筆者らの具体例

　筆者たちは文部科学省の知的クラスター・プロジェクトで「グループホームのヘルパー負担を軽減するシステム」の研究開発を求められました。そこでグループホームの関係者全員(介護者、経営者、入居者の家族)にインタビューを行い、関係者の要求を KJ 法で分析しました。次いで、あいまいな要求を、システムとして実装可能でより明確な仕様に変換しました。その結果、以下の 3 つのシステムを実装しました。

① 　グループホームの非プライベート空間にカメラシステムを複数台入れた。行動観測をし、行動予測をすることで介護者の負担を減らすためである。

② 　徘徊対策のため、スリッパに RFID を埋め込み、「どの入居者がどこにいるか」を介護者に通知するようにした。

③ 　超音波センサーとマイクロウェーブセンサーを導入したアウェアリウムを構築し、入居者の探し物のありかを瞬時にわかるよう

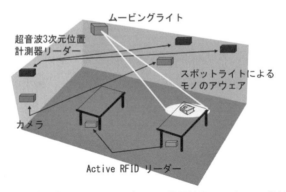

図3.3　忘れ物発見システム(モノの位置情報のアウェア手法)

　にした(**図3.3**)。認知症高齢者の短期記憶喪失対策となる。

　①は石川県内のグループホーム数カ所に導入され、介護者の物理的メンタルな負担が減ることが実証されました。②は某社から商品開発され、入居者の挙動の分析と、次の挙動予測につながることがわかりました。③は多くの特許を取得し、マスコミに大々的に取り上げられました。これらは今流にいえば「探したいオブジェクトにアドレスを付与するIoTの実現例」といえます。

4.　KJ法の活用事例—地域創生への応用

　伝統的な移動大学は2週間かかり、大学や大学院の講義システムにそぐわない面があります。筆者の所属する北陸先端科学技術大学院大学(JAIST)では、5日間程度でW型問題解決学の神髄を体得できるミニ移動大学を2008年以降、12年間継続しています。

　表3.2のプロセスを経て「ヒト・モノ・コトの創造」(参考文献[7])がされるのがミニ移動大学の醍醐味です。創造事例を以下3つ紹介します。

　❶　創造的人材の創造：吉村祐紀氏の起業に参加した福岡太平氏は、数々のジビエ料理イベントやイノシシ対策を先導し、現在「ジ

表 3.2　「ヒト・モノ・コトの創造」を行うプロセス

ラウンド	具体的な内容
R0 （前日）	フィールドワークの心得の講義と、スマホつぶやきシステムの使用法の説明をします。旅行保険適用範囲の説明、レンタカー使用法、熊よけ鈴使用法の説明をします。
R1 （初日）	課題提起ラウンドです。それぞれの町の課題に詳しい人のプレゼン。ミニ移動大学経験者が経験者として参加します。
R2 （2 日目）	現状把握ラウンドです。スマホつぶやきシステムを使い、フィールドワークを行い、現状把握のための写真を撮り、インタビューをします。小型サイズで印刷された写真を用い、つぶやき写真 KJ 法（参考文献 [6]）を行います。写真とつぶやきをもとに KJ 法の要領でまとめたのが現状把握図解です。
R3 & R3.5 （3 日目）	現状把握図解を見ながら、参加院生が集中的に地域活性化案を提出します。地域活性化案はアイデアイラスト図（参考文献 [6]）として一人 3 案程度提案します。
R3.5&R4 （4 日目）	午前中にアイデアイラスト図解を完成させます。午後は学生と住民（あるいはその代理人）とのワークショップです。このワークショップでは、課題解決の具体案が吟味されます。評価はあくまで住民側がします。
R5 以降	フォローアップのプロセスです。1 ～ 2 週間後に学生は報告書を作成します。報告書はおよそ 1 カ月後、町内会にフィードバックされます。通常、町内会の集会場に掲示され、ロードマップに従い、順次実行されます。

ビエアトリエ加賀の國」の副施設長として活躍中。

❷　モノの創造：JAIST 初の公認グッズ、純米吟醸「先端」のラベル製作。世界初の「もちもちカステラ」の創作（好評・販売中）。

❸　コトの創造：石川県の鶴来地区のミニ移動大学（2017、2018 年度）では、ほうらい祭りの作り物製作や担ぎ手に院生が参加。『こびとづかん』（ロクリン社）（作者が鶴来出身）にちなみ、スマホをかざすと「こびと」が出てくるフリーソフトを紹介。町全体も「こびとの町」宣言。今も各種イベントが開催されている。

（國藤　進）

第 11 章

TRIZ/USIT 法
―問題の根本原因と理想像から解決策を導く―

1. TRIZ/USIT 法の概要

　TRIZ(トリーズ、発明問題解決の理論)は、ゲンリッヒ・アルトシュラー(1926 ～ 1998)が旧ソ連の民間で開発した技法です。彼は特許の分析から、発明のアイデアのエッセンスに共通点があることに気づき、まず 40 の発明原理にまとめてから、技術システムの進化の法則性をまとめ、科学技術の全情報を機能の観点から検索するデータベースを構築しました。

　アルトシュラーは、技術的な問題を根本原因まで突き詰めて矛盾として理解し、その理想を考えることで発明的な解決策を得る方法を示しました。1940 年代半ばに着想した彼は、70 年代から多くの弟子とともに TRIZ を確立しました。90 年代に弟子たちが西側に移住し TRIZ を広めたことで、現在では米・欧・日・韓・中など多数の国で使われています。

　USIT(ユーシット、統合的構造化発明思考法)は、TRIZ の影響を受け、米国でエド・シカフスが開発した技法で、問題認識から解決策のアイデアを得るまでのプロセスが平易かつ明確です。筆者は 1997 年以後に TRIZ、1999 年以後に USIT を導入し、これらの改良を続けています。

2. TRIZ/USIT 法の特色

　TRIZ は、科学技術の進化に関する包括的な理解をベースに、技術的

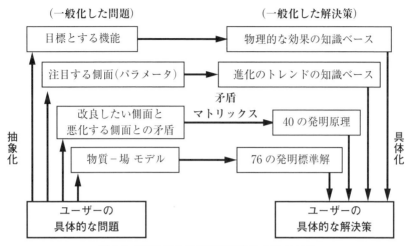

図 3.4　TRIZ における問題解決の主要 4 方式

問題を解決する方法を多数作りました。その概要は**図 3.4** のとおりです。

　TRIZ は、具体的な問題を**図 3.4** 左のように分類して、TRIZ が蓄積した膨大な知識ベースを利用することで、**図 3.4** 右のような解決策のアイデアを得るもので、膨大で複雑ですが、強力な技法です。さらに詳細な内容については参考文献 [9] を参照してください。

　USIT は、TRIZ における問題解決のプロセスを流線形にすることで、解決策を得る方法を簡潔にした技法です。特に日本で、TRIZ の諸方法をまとめ直した簡潔な「USIT オペレータ」の体系を開発した結果、TRIZ の思想と技法を根底にもつ、簡潔な USIT の技法になりました(参考文献 [10])。本章では、TRIZ と USIT を融合した立場から、TRIZ/USIT 法という表現を使っています。

3.　TRIZ/USIT 法の進め方

　TRIZ/USIT 法の進め方は、より一般的な「6 箱方式」(**図 3.5**)に位置づけると、よく理解できます。6 箱方式は、問題解決のプロセスを、デー

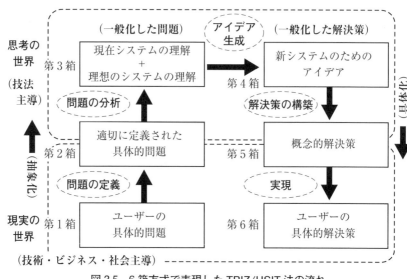

図 3.5　6 箱方式で表現した TRIZ/USIT 法の流れ

タフロー図の形式で表現します。長方形の箱が、各段階で明確にするべき情報を示し、矢印が段階の進行(プロセス)を示しますが、その処理の方法を規定(限定)していません。処理法はいろいろあってもよく、実際の進行に後戻りや複線処理があってもよいのです。**図 3.5** の下半分はさまざまな問題への解決を必要とする「現実の世界」で、技術・ビジネス・社会が主導する評価が基準となります。その一方、上半分は、特定の問題を分析・考察して、新しい解決策を考え出す「思考の世界」で、技法の理論的な評価が主導します。これら 2 つの世界を区別するのが、TRIZ/USIT 法の特色です。

① 　現実の世界では、さまざまな活動が進行し、いろいろと問題が生じています。そのなかで問題意識を明確にします(第 1 箱)。

② 　問題の状況を捉え、社会・ビジネス・技術などの視点から取り組むべき問題や解決すべき問題を一つに絞り込みます(第 2 箱)。

③ 　問題を解決するために適切なチームを作り、「思考の世界」

でチームに解決が求められている問題を確認します(第 2 箱)。

④　現在のシステムを分析します。時間的・空間的な問題状況、システムの仕組み、問題点を検討し根本原因を考えます(第 3 箱)。

⑤　理想の状況をイメージし、目標として設定します(第 3 箱)。

⑥　問題解決のアイデアを考えます。TRIZ の発明原理や USIT オペレータ、あるいはそれ以外のどんな方法を使ってもよいのです。6 箱方式の特長は、④⑤での考察途上で、根本原因を解消し理想に導くアイデアが自然に多数出てくることです(第 4 箱)。

⑦　アイデアを膨らませ、技術的要素や調査も取り入れ、「問題を解決し、状況を改善し、うまく働くはず」という解決策を複数作ります。実現性、有効性、所要期間・コストなどで、分類評価し、考察した過程と推奨する解決策(複数)を報告します(第 5 箱)。

⑧　報告を受けて、「現実の世界」では解決策の理解を進め、社会・ビジネス・技術などの観点からそれらを再評価します(第 5 箱)。

⑨　適切と評価した解決策を実現するため、「現実の世界」で多様な活動を行います。実験試行、最適設計、詳細設計、テスト、市場調査、生産準備、生産、市場投入、市場対応など、企業の全力投入が必要になります。これらを経て初めて、成功した解決策が実現します(第 6 箱)。

以上③〜⑦のプロセスの「思考の世界」では、チームは問題解決の技法 TRIZ/USIT 法をマスターした者をファシリテータにする必要があります。同時に、問題とその周辺分野で広い見識をもつ多様な方を、参加させます。技法の知識だけでは、良い解決策は得られないからです。

4.　TRIZ/USIT 法の活用事例

TRIZ/USIT 法は、製造業で主に活用されています。以下に筆者の大学での事例を取り上げます。ある学生が自宅マンションのオートロック

ドアの安全性に不安を感じ、卒業研究のテーマにしました。技術の問題に加え、人の心理や社会ルールが関係した興味深いテーマです。

　筆者がファシリテータになり、ゼミ（5人）でTRIZ/USIT法を用いて議論を進めた後、当人が卒業研究にまとめました。その後さらに、筆者が考察を深めて学会に報告しました（参考文献［12］）。

(1)　現在のシステムの問題を理解する

　多くのマンションでは、玄関に常時自動開閉する外ドアの他に、防犯のためのオートロックドアを内ドアとして備えています。住人は、カードキーを持つか、暗証番号や顔認証などでドアを開けます。来訪者は、訪問先のインターホンを押し、住人がビデオホンで確認して、遠隔で開錠することで、初めて内ドアの中に入れます。

　ところが、不審者も内ドアの中に簡単に潜入できます。住人に成りすますか、用事のある者を装い、住人の後に続いて住人の開けたドアを堂々と通り抜けられるからです。住人は不審者だと気づかないことが多く、気づいてもトラブルを恐れて、潜入を防止したり、咎めることはほとんどありません。玄関の内ドアは、マンションの防犯の要であり、その脆弱性が広く知られていながら、有効な対策が取られていません。

(2)　問題を分析し、理想をイメージする

　TRIZ/USIT法では、まず空間と時間の観点から問題を分析します。オートロックドアは開いてから閉まるまで10秒程度かかります。住人が入った後すぐ閉まれば不審者は潜入できません。しかし、閉まりかかったドアも手で押さえれば再び開きます。これは重いドアに挟まれる事故を防ぐための重要な基本仕様で、変更するべきではありません。

　不審者の作戦は明白です。疑われにくいように、住人や用事のある者のふりをし、住人がドアを開けたときに、タイミングをうまく計って、

付かず離れずで後に続いてすり抜けます。不審に思われても、「急いでいたから」などと、言い逃れができます。

　では、住人が不審者の潜入を防げないのはなぜでしょうか。不審者が住人や用事のある者に成りすますと、住人はあまり疑いの目で見ないことが多いからです。公共の場のドアなら、後から続いて来る人のためにドアを開けて待ってあげるのが社会のマナーです。しかし、マンションのドアは私的な場への入り口であり、公共の場のドアとはルールが違うことを、住人も一般社会も十分に認識できていません。

　だから、誰に対しても「後について入らないで、自分でドアの認証操作をして入ってください」などと言うことは、まずありません。不審者に「何のご用ですか」と尋ねることはしても、それ以上に咎め立てすることは、危険を感じてできません。つまり、現在のオートロックドアは、不審者の侵入の防止を住人に頼っており、システムとしての責任を果たしていないといえます。

　このようなケースをより一般化すれば、「2 人あるいは異なるグループがほぼ同時にドアにきたときの問題」といえます。現在のシステムでは「単一のグループに対する順次の認証」にしか対応していません。

　これを厳密に行うなら、「前のグループがドアを通り、いったんドアが閉まってから、後続グループが改めて自グループの認証をしなければならない」のですが、それを実際に要求するのは非現実的です。

　これに対する理想は、「複数のグループが次々に来ても、それぞれに自グループの認証をさせて、順次入らせる仕組み」がシステムとして自動的に行われて、社会的に認知されることです。

　このシステムでは、居住者はもちろん、非居住者のグループも基本的に従来同様の認証手続をしなければなりません。もし認証手続をしなかった者があれば、それをシステムがすぐに識別し、物理的にドアが閉まることもなく、リアルタイムで適切な警告をするのです。

(3)　解決策のアイデアを出す

　第一に、ルールを明確にします。マンションに入ろうとする人やグループは、居住者も非居住者も従来と同様の認証手続を、ドアの開閉状態に関係なく必ず行います。これが遅滞なく行えるように、認証は家族などグループ単位の人数を指定するものとしたうえで、ドアの開閉状態に関係なく、いつでも認証が受け付けられるようにします。

　新しいシステムは、「ドアを通過する人の数を確認できる非接触型のシステム」であり、「画像認識技術を用いた情報処理システム」とするのがよいでしょう。状況に応じて適切な案内・注意・警告などを表示し、認証人数と通過人数とをリアルタイムで認識して、通過人数が認証人数を越えた場合には警告します。さらに、不審な挙動をした人物を判断して、その人をマークし、記録できることが望まれます。

(4)　「うまくいくはずだという」解決策を構築する

　以上のアイデアを骨子に、**図3.6**のような解決策を作り上げました。この解決策では、情報処理技術を活用した新しい制御システムを構築し、従来の認証システムとドア制御装置を配下に置くことが中心です。

　住人用認証装置と来訪者用認証装置をオートロックドアの左右に分けて配置して、「私的な場への入口です。居住者は左側の装置で鍵認証をし、来訪者は右側のインターホンで、訪問先の認証を受けてください。認証はドアが開いていても必要で、グループ人数を入力ください」と掲出します。認証ができると「どうぞお入りください」と表示します。

　新システムは、ドアを通る人数をリアルタイムで画像認識し、ドアを開けてからの累積認証人数と累積通過人数を監視します。通過人数のほうが多いときは「認証していない不審者が入った」と判断して、フラッシュを焚いて写真を撮り、「認証していない方が入られたようです。必ず正しく認証を受けてください」と音声と表示で警告します。警告した

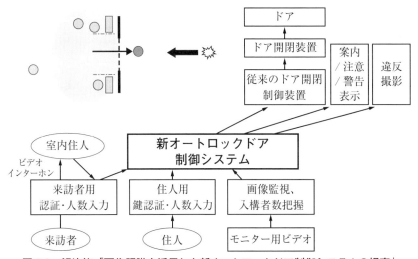

図 3.6　解決策「画像認識を活用した新オートロックドア制御システムの提案」

とき、および認証人数が通過したときに、ドア閉鎖を指示します。

(5)　解決策を実現する

　上記の解決策の実現には、通過人数を正しく認識するための画像処理に、高度な技術と注意深い設計が必要です。業界関係者の理解を期待していますが、2007 年の学会発表以後まだ実現の手がかりはありません。

(6)　まとめ

　本事例は、TRIZ/USIT 法のプロセスに沿って素直に展開したものです。ゼミでの議論の整理に、KJ 法と同様にカードを使い、原因を下に結果を上に描く原因結果図を活用しました。解決策の基本方針は、機械的な原理から情報処理の原理に進むもので、TRIZ の進化の法則に合致したものです。本事例は TRIZ/USIT 法が技術分野だけでなく、人間心理や社会ルールなどの分野にも自然な形で利用できることを示しています。

（中川　徹）

第12章

FALO

―新興商品を開発する革新的な商品企画法―

1. FALO の概要

　FALO(革新的企画法)は、ソニーで革新的な商品開発に携わった筆者が数多くの発明と失敗をしたソニーの体験にもとづいて誕生しました。

　「FALO」は、F(Face)、A(Ace customer)、L(Life style)、O(Originality)の4つの頭文字を結んだ造語であり、[F] が使用情景、[A] が必需客層、[L] が生活価値、[O] が独自価値を意味しています。

　FALO は、既存の市場や消費者の嗜好の調査情報を根拠に、商品を企画する場面でもより高い魅力を付加することができます。しかし、それが本当の意味で活躍するのは、イノベーション[1] を興し、新しく市場を形成できる前例のない商品、つまり「新興商品」(筆者の呼び方)を開発する場面です。新興商品は前例がないものなので、既存の市場を調査した情報はあてにならず、売れる保証もありません。しかし、一度売れ出して普及していけば、広く世の中に認められていく商品になります。

　ソニーのウォークマンも、トランジスタラジオも、テープレコーダーも、家庭用ビデオも最初は売れませんでしたが、そういったリスクは覚悟のうえで商品化を断行しました。井深大氏(創業経営者)にオーナーと

---

[1]　イノベーションの提唱者はオーストリア・ハンガリー帝国の経済学者ヨーゼフ・シュンペーター(1883 ～ 1950)です。彼は「イノベーティブな商品は前例がなく最初は売れない、資金調達にも担保がない、だから銀行も信用貸し制度を作るべきだ」と主張していました。

しての覚悟があったおかげでできたことだと思います。結果として、どれもが一つの成功モデルとなり、日本中の生活を革新し、世界中の人も買ってくれたおかげで、ソニーは世界的な大企業になったのです。

2.　FALO の特色—誕生の背景

　FALO は、必需客層を把握するための簡単なチェックリストで、最大のポイントは顧客の絞り方にあります。新商品のアイデアを出した段階でも、企画書を作成する段階でも、「FALO チェック」は有効です。FALO を活用して、商品企画書をまとめ、他の要素を加えれば、魅力ある商品企画書を作成できます。一般には顧客像を「ペルソナ」と呼びますが、FALO ではより明確に顧客層を絞り込むために「必需客層」と名づけています。この概念が生まれるまでには「テープレコーダー」「カセット・テープレコーダー」「ウォークマン」などでの経験がありました。

　ソニーの開発したテープレコーダーは、1950 年に東洋で初めて発売され、声を記録できる製品の特長を「声を撮るカメラ」というキャッチフレーズにして売り出したのですが、全く売れませんでした。

　その主な理由を調べてみると、「値段が高すぎる」「今までに存在しなくても生活できた」「用途がわからない」などがわかったので、社員は足を棒にしながら便利な用途の例を紹介しつつ売り歩きました。すると、放送局や裁判所などが買ってくれるようになり、「用途開拓」「目的特化」という言葉が、社内で飛び交うようになりました。

　それから十数年後、手の平サイズのカセット・テープがオランダのフィリップス社から提案され、ソニーも採用しました。このとき、テープレコーダーで苦労した社員たちは、カセット・テープレコーダーの使用目的を絞る討論を繰り返しました。そして、「お稽古事に便利」ということから社内呼称を「おけいこテレコ」にして、機能やデザインを吟味しました。このとき想定した用途は、「歌の練習」「英会話の練習」「挨

拶の練習」などでしたが、機械操作が苦手な使用者（三味線の師匠など）に使ってもらい、彼らの使い勝手が詳細に検討されました。この結果、録音操作をワンタッチにするため、マイクをテープレコーダーに内蔵し、マイクに音声が入った瞬間に録音が始まる「自動録音」回路の発明に至りました。こうして誰でもカセット・テープを挿入し、録音ボタンを押すだけで簡単に操作できるようになったのです。このような実験を経たおかげで、毎年 100 万台以上売れるヒット商品になりました。

「ウォークマン」が生まれたのはこの 15 年後です。すでに「目的特化」という言葉に慣れた社員たちは、使用目的を音楽専用に特化したうえで、必ずウォークマンを使うはずの客層を「必需客層」とし、使わざるを得ない客層を「必需客層全員」として、購入層を吟味したのです。

3. FALO の進め方

FALO の基本的な企画の進め方は、以下のとおりです。

前例のない面白いアイデア X が浮かんだら、X に対して 6 つの観点から質問を考えてみます。それは「①どんな"用途"を満たすか」「②使って喜ぶ人の"使用情景"は何か」「③"購入せざるを得ない客層"は誰か」「④影響を受けて、"購入し始める客層"は誰か」「⑤"購入の決め手になる理由"は何か」「⑥他社製と差別する"独自性"は何か」です。

「①用途の明確化」は重要です。例えば、1970 年代後半、ソニーが超小型の撮像素子（CCD）を発明した際、技術側面からの発明ゆえに用途が不鮮明なまま開発が進み、目標が特定できず開発の効率も上がりませんでした。しかし、ある技術者がビデオムービーのアイデアを持ち込むと目標が明確化し開発速度が上がりました。こうして商品化された CCD 搭載のビデオムービーは大産業に成長しました。技術指向で商品開発が始まると、商品目的や顧客像が不鮮明なまま、売れない商品になるケースが多いため、「使用情景」と「必需客層」の確定は極めて重要です。

　次に「②使用情景(F)」は既存商品ならすぐに浮かぶものですが、前例のない商品の場合、後の商品化工程で目的がぶれないためにも、特に使用情景を深くイメージすることが重要です。

　「③購入せざるを得ない客層」では、「必需客層(A)」の確定がとても重要です。これを確定すれば、必需客層の影響を受け、商品の普及に応じて「④購入し始める客層」、つまり「追従客層」も想定できます。

　「⑤購入の決め手になる理由」とは、つまり「生活価値(L)」です。前例のない商品の普及は新生活を創出するので、この明記は重要です。

　最後に、この商品を引き立てる他社にはない魅力「⑥独自性」、つまり「独自価値(O)」を明確化していく過程は欠かせません。

4. FALO の活用事例

(1) 「ウォークマン」の事例

　ウォークマンの事例に FALO を当てはめると、以下のとおりです。

　　　[F]　ステレオを身につけて外を歩く若者の楽しそうな情景。これを反映したキャッチコピーは「ステレオを着て町に出よう」

　　　[A]　外出の多い音楽好きの若者全員。追従客層は一般の音楽ファン

　　　[L]　ステレオが屋外へ出るパーソナル・エンタテインメント価値

　　　[O]　ヘッドフォン付属で、購入してすぐ使える生活一体型の製品

以上をもとに商品名は「ウォークマン」とし、販売価格は 33,000 円、製品仕様として外形サイズは携帯サイズとなりました。また、その機能はカップルで楽しめるダブル・ヘッドフォンジャック付きとし、店頭では「買ってすぐ音楽を聴きながら帰れる」を売り文句にしました。

　しかし、ウォークマン(図 3.7)でも発売 1 年目には多くの課題がありました。販売店からは「再生機能だけのカセット・テープレコーダーと安物のヘッドフォンで 33,000 円は高すぎる」「女性がヘッドフォンを付けて町を歩くなんて想像できない」と言われて、注文はゼロでした。そ

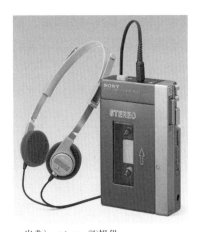

出典）　ソニー㈱提供

図3.7　ウォークマン

こで、若者の集まる原宿でまず実演したところ、原宿で流行り出したので、全国の販売店を対象にバスツアー（原宿視察）を実施し、理解を求めました。

米英では「ウォークマンという名前では感動できない」と、米国で「サウンド・アバウト」、英国で「ストア・ウェイ」に変えられたので、全世界セールスマン会議で当時の社長（盛田昭夫氏）が次の演説をしました。

「私がウォークマンのプロジェクトリーダーです。確かに皆さんがいうとおり、ウォークマンは何の迫力もない名前ですが、これは固有名詞です。いろいろ名前があると混乱します。ここは私が責任をとりますから全世界"ウォークマン"で統一させてください」

こうして米英でも「ウォークマン」で統一したところ、まず「必需客層（A）」へ、次いで「追従客層」へと、波のように商品が届き始め、固有名詞としての「ウォークマン」は全世界で有名になりました。

(2)　世界初の子ども向き「グラフィック・コンピュータ」

ビデオケーブルをテレビにつなぎ、付属のペンでボードの上に絵を描くと、テレビに描いた絵が映るボード型コンピュータです。

FALO に当てはめると、「[F] 子どもの絵がテレビに描けて、子どもも両親も喜んでいる情景」「[A] 絵の好きな幼児たち全員」「[L] ちびっ子のグラフィック・デザイン生活」「[O] テレビがお絵かき道具に変身」です。

この商品を発案したのは「美しいカラーテレビの色で塗り絵をしたら楽しいだろう」と素直に感じた親でした。社内では、まずタブレットで

試した後、手作りコンピュータを試作して使いやすさを検討し、鉛筆型のペンで24色の絵を描けて、色パレットから着色する操作ができる試作品を作成しました。その後、短大の保育科卒業の社員が担任の先生を訪ねて幼児に使ってもらったところ、3歳児の半数近くが左利きだとわかり、右だけだった決定ボタンを左にも設けることにしました。また、幼児には24色は多く混乱することもわかったので12色に減らしました。

　発売時期はクリスマス、価格は18,000円を予定しましたが、全国の玩具ショップは「1万円超えの玩具は売れない」と及び腰でした。しかし、夏休みに池袋のデパートで実演してみると、絵を描く子どもたちに親たちも目を輝かせていたので、筆者は「これはいける」という感触を得ました。その証拠に、秋に入ると注文は徐々に増えて、既存の工場で製造しきれる数を越えたので、小さな町工場にも製造を頼み込み、クリスマスだけで10万台を売ることができました。

(3)　世界初の「パームトップ・コンピュータ」

　これは1989年に発売されたシステム手帳型の手書き文字認識のコンピュータで、現在のiPadの原型になるような商品でした（**図3.8**）。

　この商品をFALOで分析すると、「[F] 秘書代わりに携帯し、スケジュール管理をし、電話帳を備え、メモ欄に書き込んだレポートをFAXで送信する情景」「[A] 忙しいビジネスマン全員」「[L] たくさん書類を持たなくてもビジネス情報をスマートに持ち歩ける生活」「[O] ユビキタス（時空自在）時代に向けた交信自由の電子ノート」のようになります。

　発案したのは業務処理の多い忙しい社員で、当時流行していたシステム手帳の電子版として、将来は会議室で各自が携帯することを目指しました。電子メールが普及する前の時代でしたが、FAX回線を通じてではあるものの、情報を端末同士で交信できる特長をもっていました。

　1990年代（インターネット黎明期）以前では画期的な商品で、プロモー

出典） ソニー㈱提供

図 3.8　パームトップ・コンピューター

ションビデオを作って、メディア取材も多く受けました。

　1990年代にインターネットの黎明期を迎え、結果的には数年で発売中止ですが、この商品は現在の iPad、iPhone に通じる未来図を描いたものといえます。このような先進性を評価され、この商品は従来のキーボード型のコンピュータを革新したとして、前記(2)節のグラフィック・コンピュータと同様にグッドデザイン賞を受賞しました。

(4)　世界初のパーソナル IT テレビ「エアーボード」

　「エアーボード」は、どの部屋に持って行ってもインターネットとテレビ番組が楽しめる商品です。ベースステーションをテレビのアンテナに接続し、インターネット接続するだけの簡単な操作が特徴です。

　これを FALO で分析すると、「[F] 自室でも、風呂でもどこでもテレビ番組もメールチェックも楽しむ情景」「[A] 部屋の多い家庭の活動的な若者全員」「[L] 家のどこでも情報を楽しむ生活」「[O] ワンタッチでテレビとインターネットが切り替えられる複合価値」となります。

　販売してみると、日本ではあまり普及しませんでした。日本の家は部屋が少なく、小型テレビも安価で各部屋に1台置くことも可能だったからです。しかし、思わぬところから「必需客層(A)」を発掘できました。それは海外赴任の家庭です。日本の実家にベースステーションがあれば、赴任先からインターネット経由で実家のベースステーションと交信でき、実家のある地方局のテレビ番組が見られたためです。

　この例からは、当初の本筋でなくても、柔軟に「必需客層(A)」を発

掘する発想をもてば、活路を見い出せることがわかります。

(5)　世界初の「カップヌードル」

　安藤百福(1910 〜 2007)がカップヌードルを発明した契機は、チキンラーメンの国内販売が安定してきた頃、販路拡大のため安藤が渡米したときに始まります。米国にはチキンラーメンを入れる丼がありません。

　安藤は「なんとかなるだろう」と考えていたのですが、いざ米国のバイヤーに紹介する段になり、初めて器がない不自由さに気づきました。発明の瞬間は「交渉の現場で、バイヤーの一人が咄嗟の判断でカップにチキンラーメンを割って入れ、お湯をかけてフォークで食べ始めたのを見てひらめいた」と伝えられています。バイヤーにしてみれば、米国には丼も箸の文化もないので、当然の行為だったのです。

　着想を得た安藤は商品企画と試作に挑む際、顧客を米国人と日本の若者と想定して、カップの大きさと材質、麺の味付け、具材、麺の揚げ方、カップへの装着法などを工夫しました。しかし、当時の米国市場は「動物性蛋白質好みで澱粉質は好まれない」「猫舌で熱いものは食べられない」「すする文化はない」とされており、日本でも食事は家族団らんでするもので歩きながら食べる文化はありませんでした。そのため、苦労して商品化したのはいいのですが、30円のチキンラーメンに対して100円のカップラーメンは高すぎ、無理にスーパーに納品しても売れず回収する始末でした。しかし、当時マクドナルドの1号店ができ、若者が群をなして行き交う歩行者天国のある銀座4丁目の三越前で実験販売を行ってみたところ、順調に注文が増えて、若者の間で人気になりました。

　以上を分析すると「［F］場所を選ばず食を楽しむ若者の情景」「［A］どんぶりと箸を持たない生活の若者全員」「［L］いつでもどこでも食器なしで小腹を満たす"フリーダム"生活」「［O］上質の味と利便性」です。

（田村新吾）

第 13 章

デザイン思考
—発想から企画まで - スタンフォード大学で誕生した技法—

1. デザイン思考の概要

　デザイン思考(Design Thinking)(参考文献 [15]〜[17])とは、スタンフォード大学の d.school(正式名称は Hasso Plattner Institute of Design)や IDEO(米国カリフォルニア州パロアルトに本拠を置くデザインコンサルタント会社)で始まった考え方で、ゼロから全く新しい製品やサービスを提供する方法論を指します。

　スタンフォード大学の d.school は学科・研究科横断型の組織で、どの学部・研究科に属する学生でも学ぶことができます。この考え方は世界に広がったため、現在ではデザイン思考は世界中の教育機関や企業などで取り入れられています。

　第Ⅲ部の最後となる本章は、技法や発想法というよりも、イノベーションを生み出すための、心構えないしは考え方のようなものだと捉えていただいたほうが、わかりやすいのではないかと思います。

　デザイン思考とは、人間中心(ユーザー中心)のアイデア具現化法の総称であり、以下の3つを満たしていることが重要といわれます。

　　①　観察(observation)
　　②　発想(ideation)
　　③　試作(prototyping)

2.　デザイン思考の特色および進め方

（1）　観察

「観察」の辞書的な意味は「物事の実態を理解すべくよく注意してくわしく見ること」（『広辞苑』（第4版））ですが、つまりは、過度に仮説にこだわらず、さまざまな可能性に目をこらし、人々が何を求めているかをじっくりと自分の目で確かめることが重要です。見慣れた物事でも、感性を駆使して、飽きるほど観察すると別の側面が見えてくるものです。

　例えば、日常的に見慣れた椅子を観察してみましょう。上から見たり、ひっくり返したり、座ったり、手で押したり、さまざまな形で観察すると必ず「なぜ存在するのか」が不明な部品や穴、凹みなどが見つかります。また、「うまく設計できている」と気に入る部分や、逆に「ここはうまく設計されていない」と気に入らない（改善すべき）部分が存在します。

　このように、観察することによって、一見しただけではわからないさまざまな気づき（インサイト）を得ることができます。そうすれば、気づきを元に発想を膨らませることができます。「椅子は今後どうあるべきか」「椅子にどんな機能を付加すべきか」「椅子から何を削除すべきか」などを考えることから、新たなデザインへのヒントが得られます。

　また、例えば、元気そうな人を観察してみましょう。会社内でも、通勤途中でも、あるいは週末の公園でも、観察してみると元気そうな人は見つかるはずです。彼・彼女を観察してみると、さまざまなことがわかります。元気そうな人は「表情が豊か」「活動量が多い」「ある特定の服を着ている」「複数人でいるときに元気そうに見える」などといったことです。あるいは、意外に元気そうな人が見つからなかったり、元気そうな人はみんな外国人であったというような、思いもよらない気づきが得られることもあります。

　このように「元気そうな人」という、ざっくりとした切り口からでさえも、自分なりに十分に観察してみれば、何らかの気づきが得られるは

ずです。これを「人を元気にする製品やサービスとは何か」「元気な人のための製品・サービスにはどんなものがあるのだろうか」といった意識につなげることができれば、観察は新たなデザインのヒントになります。

「人にとって何が必要で、何が不要なのか」を自分のなかだけで考えるのではなく、さまざまな人や物を実際に見に行くことで、感じ、考え、知ることができます。このように、デザイン思考における観察の意図は「世の中で必要とされているものやサービスとは何か」という意識につなげることなのです。

逆に、デザイン思考と真逆にあるのは、例えば調査会社に依頼して得られる調査結果を前提に発想しようとすることです。既存の調査を前提に仮説を立て、それを検証するようなやり方は堅実かもしれませんが、思いもよらないような気づきを得ることは困難だからです。

(2)　発想

デザイン思考では、ブレインストーミング(詳細は**第5章を参照**)などの発想法を用いて、アイデアを出すことが推奨されます。ここでは、「なぜブレインストーミングなどの発想法が、重要なのか」について解説します。

図 3.9 に、Lee Fleming らによる研究結果を示します。

横軸は「チームでアイデア出しをするときに、メンバーの専門性の偏りがあるかないか」を表します。左へ行くほど専門性が偏る均一集団となる一方、右へ行くほど専門性の偏りが小さくなり、多様なメンバーが含まれた集団になります。

縦軸は「出てきたアイデアの価値が、イノベーションとして大きいか否か」を表します。つまり、上に行くほど現状をブレークスルーするアイデアを表し、下に行くほど重要でないアイデアを表します。

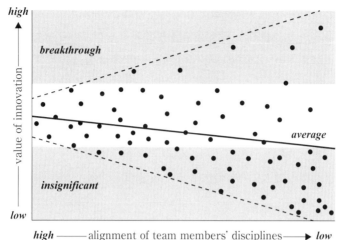

出典）　Lee Fleming, *Harvard Business Review*, Vol. 82, Issue 9, Sep. 2004.

図 3.9　参加者の多様性とアイデアの多様性の関係

　図 3.9 から明らかなように、左へ行く（専門性が偏った均一集団にな
る）ほど、ブレークスルーとなるアイデアどころか、重要でないアイデ
アでさえも出てきません。専門家の集団になると、アイデア出しが慎重
になり、出されたアイデアの質は真ん中あたりに揃うので、アイデアの
質の平均値は高くなります。その一方で、メンバーが多様になればなる
ほど、アイデアの量と質の範囲（図 3.9 中の破線で囲まれた部分、つま
り「常識の枠」）が広がります。

　ここで、気をつけてほしいことがあります。メンバーが多様になれば
なるほど、図 3.9 中の右下あたりのように、重要でないアイデアが大量
に出てくるため、アイデアの質の平均値は専門家の集団のときよりも下
がるという点です。つまり、取るに足らないアイデアが大量に出るため
に、全体としてみれば程度が低いと感じられがちですが、その反面、ブ
レークスルーアイデアを得る機会も増えていくのです。

　アイデアの量を増やすことで、結果的にブレークスルーアイデアを得

る機会を増やす取組みの特徴を形づくるのは、「質より量」「他人のアイデアに乗っかる」「批判・判断厳禁」「ワイルドなアイデア大歓迎」といったブレインストーミングのルールです。この考え方は、デザイン思考の3つの重要な行為のうち、観察と試作にも当てはまります。

　上記にも述べましたが、観察の際、過度に仮説にこだわることは、常識の枠にはまることにつながるので、ワイルドな仮説やインサイト（気づき、洞察）が湧いてきません。その一方で、自由な心で多様な世界を観察できれば、図3.9の右側のように多様なインサイトが得られます。

（3）　試作
　デザイン思考での試作（プロトタイピング）は、一般的な製造業における試作とは異なります。

　一般的な試作は、きちんと詳細まで製作して機能の有効性を確認することが目的で、新たなアイデアやインサイトを得ることが目的ではないため、図3.9の左側のように既存の枠の範囲内にとどまります。

　デザイン思考での試作は、「考えてばかりいないで作ってみよう」「fail fast（失敗を早く）」を合言葉に、シンプルに早く大量の製品やサービスを作りながら気づきを得て、イノベーションチームや顧客の声をフィードバックしながらより良いものにすることが目的です。こうすることで、図3.9の右側のように重要でない試作からブレークスルーというべき試作まで、多様な可能性を切り拓くことができます。

3. デザイン思考の活用事例
　これまでに実現した事例の一部を、筆者の独断で以下に掲載します。
　プロダクトではなくサービスの事例ばかりですが、プロダクトなどの他事例に興味のある方は、参考文献［15］〜［17］を参照してください。

(1)　一般社団法人ウェルビーイングデザインの設立

　働き方改革、健康経営、マインドフルネスなどの文脈で、ウェルビーイング(健康、幸せ、福祉)のニーズは高まっています。しかし、ウェルビーイングについての情報交換や学び、定量化の取組みに関する総合的な場は今まで十分に整備されてきませんでした。そこで、ウェルビーイングに関するオンライン・オフライン情報のハブとなるべく、一般社団法人ウェルビーイングデザインが設立されました。

　現在では、ウェルビーイング診断、オンラインサロン、幸せな事例のブログなどの活動を開始しており、今後は学会の設立など、さまざまな活動を行っていく予定です。

　以下に、同法人のウェブサイト(参考文献［19］)の冒頭を引用します。

【Our Vision】
　すべての人は、その個性を尊重され、生き生きと、ウェルビーイング(注 *)に生きるべきです。
　一般社団法人ウェルビーイングデザイン(WBD)では、誰もが尊重され、各人のすばらしさを活かして、ともに生きる世界を創造的にデザインすることを目指し、ウェルビーイング促進に関する様々な活動を行なっています。
　注＊)　「ウェルビーイング」(well-being)は、「幸せ」「健康」「福利」などと
　　　　和訳されますが、文字通り解釈すると「良きあり方」や「よい状態」と
　　　　いう意味です。つまり、人々が、精神的、身体的、社会的に「良きあり
　　　　方」「よい状態」であることをウェルビーイングといいます。

---

(2)　一般社団法人健康フラ・介護フラ協会の設立

　さまざまなウェルビーイング研究から「人は、安心・安全に生きるだけでは幸せになれないこと」が知られています。人は、他者の役に立ったり、やりがいのあることを行うことで、幸せになれるのです。

　そこで、「介護されている人も介護する人も、一緒にフラダンスを踊ったら幸せになれるのではないか。足が不自由な人は手だけで、体の固い

人は動く範囲で」というコンセプトのもと、一般社団法人健康フラ・介護フラ協会が設立されました。2018年にはその活動のユニークさに対してグッドデザイン賞を受賞しています。

　以下、同法人のウェブサイト(参考文献［20］)の冒頭を引用します。

健康フラ・介護フラとは、楽しく健康になれる近道です。
〜健康フラ・介護フラを通して誰でも健康に〜

　「介護って大変」「リハビリって辛い」

　そんな介護に対するマイナスイメージをプラスに、介護フラは介護を［楽しく］［ハッピー］に変えます。

　健康フラ・介護フラは、介護が必要な高齢者の為に開発された座ったまま出来るフラダンスです。

　伝統的なフラダンスとは一線を画し、介護が必要な方、障害をお持ちの方をメインのユーザーとして設計しており、動きにリハビリ効果、ストレス軽減効果、幸福度向上効果を取り入れております。

　大変と思われている介護・リハビリを共に楽しくします。

　私どもは日々の体操から、スタッフの方やご利用者様も笑顔の毎日が送れることを常に目指しています。

---

(3)　白飯会議

　これは、企業内の人間関係や情報共有の仕組みづくりとして、ユニークな取組みです。以下にその要旨(参考文献［21］)を紹介します。

　海外の会議におけるポスターセッションで「白飯会議」が発表されました。

　白飯会議を行っているのは、介護施設を運営している㈱サムエス(代表取締役は荒井浩司氏。ポスター発表の連名者)です。1カ月に1回行っているマネージャーの会議を「白飯会議」にしたそうです。

　多くの会社で、社内での報告は、棒読みになったり、心がこもっていなかったりしがちで、往々にして、各社員の情熱が伝わりにくいという事態に陥りがちです。また、勝手に押し付けられた予算を「達成した」とか、「未達じゃないか！」と責めることとか、そんな売上と利益のことに、時間を費やしがちでは

ないでしょうか。

そこで、この会社では、「その話をおかずに白飯を美味しく食べられるくらいに、面白い話を紹介しあおうではないか」というコンセプトで、白飯会議を始めたといいます。マネージャーはそれぞれ、1カ月の間に仕事のうえで感動したことを話します。周りの皆はそれを肴に白飯を食べます。そして、各人が食べる白飯の量が、KPI（Key Performance Indicator＝パフォーマンスの評価指標）なのだといいます。

なんともばかばかしい試みのようですが、この結果、売上が数％アップし、離職率が70％も下がったといいます。真面目な会議を面白がりながら楽しむことで、各人のプレゼン能力が高まり、マネージャー間のコミュニケーションが促進され、信頼関係が醸成されたのではないかと推察できます。栗原氏は「大事なのは非日常です。売上目標のような近視眼的な目標はやめて、白飯をたくさん食べられる感動話を目標にする方が、結果的に売上も増えるんです」と話していました。

（4）　耕作放棄地で自然栽培を行う農業ビジネス

本山憲誠氏は、慶應義塾大学院システムデザイン・マネジメント研究科修士課程在学中に、「耕作放棄地、自然栽培、中高年失業者」を掛け合わせるビジネスを考案し、埼玉県飯能市で実践しています（参考文献[22]）。

耕作放棄地は近年課題となっています。また、自然栽培（農薬も有機肥料も使わずに行う農業）は、近年注目を集めています。さらに、中高年失業者には、ハードルの高い再就職がときに強い精神的なストレスになります。彼らには就農に適している者が少なくないですし、農業には癒し効果もあります。

このため、本山氏は農薬の影響が十分に低減されている耕作放棄地を借りて、中高年失業者を雇用し、自然栽培を行うという、三方よしのソリューション（農業ビジネス）を考案したのです。現在では障害者の雇用や店舗の運営などにも事業の範囲を拡大しています。

(5)　介護付き高齢者スナック「Go To Heaven」

　これは介護を必要としている方向けの群馬県高崎市のスナックで、スタッフは全員介護士か看護師です(参考文献［23］)。高齢者のみならず、介護している家族も、看護師や介護士などを交え、相談や勉強や集いの場として利用でき、どんなことも話し合える場として親しまれています。

　実は筆者が最初にこの構想を聞いたとき、企画者(栗原氏)に「Go to Heaven という名称は、高齢者に対して不謹慎だからやめたほうがいいんじゃないか」とかなり強く助言したことをよく覚えています。しかし、彼は最初の構想を押し通しました。その結果、「Go to Heaven」はマスコミで話題をよび、かなりの宣伝効果があったのです。

　これは筆者にとって1つの教訓になりました。自分では気づかないうちに、常識の枠(図3.9の左側)にとらわれていたのではないか。優れたアイデアは賛否両論です。「それはないだろう」と批判したくなるようなワイルドなアイデアに出会ったら、「本当にあり得ないのか」「自分が常識の枠に収まっているだけではないか」といった疑問を、ぜひ図3.9を思い出しながら、あなたにも自問していただければと思います。

　デザイン思考とは、合理的で効率的な仮説検証型の問題解決技法と異なり、人間中心の観察・発想・試作というプロセスを試行錯誤していく営みです。ますます多様性と複雑性が増していく現代社会では、仮説を前提にとことん考え抜くことよりも、ユーザーの多様な要求を捉えることのほうが有効になる局面が増しています。その一方で、デザイン思考にも限界があるともいわれており、アート思考、ビジョン思考といった新たな思考法も出てきています。

　多くの人々が、デザイン思考をはじめとするさまざまな思考法や方法論を適切に用いて、豊かな世界が構築されることを願ってやみません。

(前野隆司)

第Ⅳ部

企画を
実現させる
技法

第 14 章

企画書作成法

―アイデアを企画に仕上げる―

1.　企画書作成法の概要

　企画書の作成というと高度な仕事のようにも聞こえますが、要は自分の考えやアイデアをまとめて、相手に伝えることに過ぎず、難しくはありません。ただ、企画を考えるために適切なプロセスはあります。

　また、考えられた企画を的確にまとめるためには、企画書の基本構成を理解しておく必要があります。企画書は人によりさまざまな書き方がありますが、まずは基本に従い企画書を作成し、慣れたら自分なりに見せ方や書き方を工夫する。これが企画書上達の秘訣です。

2.　企画書作成法の進め方

　企画を作るプロセスは大きく 4 段階に分けることができます（図 4.1）。

(1)　第 1 段階：問題点・要望の把握

　まず、企画を提出する相手がかかえている問題点や要望を把握するこ

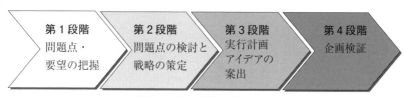

| 第 1 段階 問題点・要望の把握 | 第 2 段階 問題点の検討と戦略の策定 | 第 3 段階 実行計画アイデアの案出 | 第 4 段階 企画検証 |

図 4.1　企画を作るプロセス

とが前提となります。例えば、「もっと問合せレスポンスを上げる仕組みを考えてほしい」というように、具体的な要望が相手から出ている場合はよいのですが、企画を求める相手から具体的な要望が出てこない場合があります。また、自主的に企画を出す場合、「相手が求めていることは何か」を正確に把握しなければ企画自体がムダになりかねません。

　シェアを上げることに熱中している相手に、コストダウンの提案をしても相手にしてくれません。人材育成方法で悩んでいる人事のマネージャーに、人事システムの改善を提案しても有効ではありません。このように、第1段階では、相手が現在直面する切実な要望を理解することが重要であり、ヒアリング、SWOT分析などを通じて問題点を探ります。

(2)　第2段階：問題点の検討と戦略の策定

　問題点や要望がわかったら、次に検討と戦略の策定の段階に入ります。第2段階では、例えば、「売上が上がらない」のは、「広告や販促が悪いのか」「セールスフォースに問題があるのか」、あるいは「製品が競合に対して、何らかの問題をもっているのか」など、「問題がどこに起因しているか」を検討し、大きな方向性を決めます。

　例えば、「人材が定着しない」という問題は待遇の問題というだけではなく、仕事の進め方や上司の管理・指導、あるいは組織体制に問題があるのかもしれません。「問題は問題として認識されたときに、すでにそこに解決の萌芽がある」とある哲学者がいっていますが、この段階では「なぜ、なぜ、なぜ」を繰り返し、問題の本質を突き詰め、解決の方向性(つまり、戦略)を決めることが重要です。

(3)　第3段階：実行計画アイデアの案出

　この段階で、戦略にもとづいた解決策を案出します。第2段階(問題点の検討と戦略の策定)の過程はロジカルに進めますが、この段階では

アイデアが求められます。アイデアの創出には、できるだけ複数人の参加を求めつつ、カードを使用したブレインストーミングなどをすすめます。また、チェックリストをヒントに、発想を促すチェックリスト法も有効です。その他にも、「デスクを離れて外を歩く」「街を散策する」「週刊誌や電車の中吊り広告を見る」など、こまめに普段とは違う情報に接することも有効です。

　一人でアイデアを発想する場合、そのプロセスとして以下のような「ワラスの4段階説」が手助けになります。

　　①　準備：多様な情報を集め、多角的に分析し、熟考する段階
　　②　あたため：徹底的に熟考したらジックリ熟成するのを待つ段階
　　③　ひらめき：ひらめきの瞬間の訪れ
　　④　検証：アイデアが実現できるか検証

アイデアは具体性と同時に実現性が必要で、どんな良い企画アイデアでも、実行可能でなければ問題は解決しないことに注意しましょう。

(4)　第4段階：企画検証

　最後に問題点・要望の把握から問題解決のアイデアまで、「ロジックとして一貫性があるか」「実行計画に無理はないか」「この企画内容で問題や要望を解決できるか」を検証します。

　第2段階の戦略で示されているはずの内容が、実施計画に反映されていなかったり、反対に戦略で示されている方向性とは異なる実施計画が記載されているということがよくあるので、一度よく見直しましょう。

(5)　企画書の基本構成

　企画書の基本構成は図4.2のとおりで、「①タイトル」「②背景（前提、与件の場合もある）」「③（企画の）目的」「④（目的を達成するための）戦略」「⑤実施計画」と、大きく5つに分けられます。企画のプロセスを提出

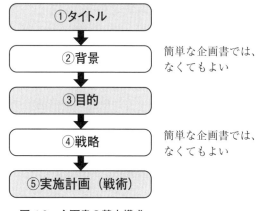

図 4.2　企画書の基本構成

する相手にわかりやすく、論理的に構成することが重要です。

　「①タイトル」は「企画書が何のために書かれているか」を端的に表現する必要があります。短く、印象深く、内容が明確に表現されなければなりません。例えば「キャンペーン企画書」では何のキャンペーンだかわからないし、「新規商品について」では企画書か意見書かがわかりません。そのため、「コールセンターでのお客様対応改善企画」など、簡潔に提案する内容がわかるように書く必要があります。

　「②背景」は問題や依頼が起因した理由、またはこれを取り巻く内的・外的要因を分析してまとめた部分です。自主的な提案では「なぜこの提案をするのか」の理由になります。記載する内容に応じて「現状分析」「市場環境」「提案理由」などと記載する場合もあります。簡単な 1 枚企画書などでは、除外される場合がある部分です。「背景」について依頼者からの説明があった場合や、事前に何らかの合意がある場合、要望が明確に示されている場合などでは「③目的」から始まってもかまいません。ただこの場合でも、「与件」あるいは「前提」として相手のブリーフィングを確認しておくことをおすすめします。

　「③目的」は「この企画で何を達成するか」を示す部分で、できるだけ簡潔に書きます。数字的な達成目標を入れると具体的になります。

　「④戦略」は「目的を達成するための基本設計で、全体を方向づけるもの」です。たいていの場合、方向性にはいくつかあるものですが、「戦略」は「どれをとるのが一番効果的・経済的であるか」を示すものです。

　一般的には、「❶ターゲット」「❷基本コンセプト」「❸エリア」「❹期間」「❺主となる課題解決の方法」「❻全体予算」を書きます。

　例えば、キャンペーン提案などの「戦略」として、「TVスポットをメインとして、商品知名度を高める」などとする企画書がありますが、これだと「戦略」と「目的」（商品知名度を高める）を一緒に書いているため、「TVスポットをメイン媒体とする」とすべきです。

　「調査企画」「デモンストレーション販売」といった、実施計画だけを提案をするような場合には「戦略」部分を省くこともあります。

　「⑤実施計画（戦術）」は「戦略」の具体的な実行案で、アイデアが必要とされる部分です。

　1枚の企画書でも数十頁の企画書でも、「①タイトル」「③目的」「⑤実施計画（戦術）」という基本構成に変わりはなく、これに「②背景」や「④戦略」が加わったり、それぞれの構成で分量が増えていくのです。

　例えば、「年間マーケティング計画」なら、市場や製品、競合、社会的環境まで緻密な分析に多くの分量が必要です。目的や戦略はできるだけ簡潔にまとめますが、1年分のスケジュールや費用などを見積もっていくと、相当の分量になるのです。

3.　企画書作成法の活用事例
（1）　企画アイデアのまとめ方

　アイデアを実施計画としてまとめるためには、「誰に対して」「いつ」「何をすることで」「どのような効果が得られるか」「そのための費用と

スケジュールはどのようになるのか」を具体的に記載します。

　例えば、「TV スポットをメイン媒体とする」という戦略があれば、訴求対象、使用する TV 局、実施時期と時間帯、CM の分量、CM 表現内容のほか、当該の広告で期待する効果や、実施に当たってのスケジュールおよび費用を記載します。

　アイデアを言葉で表現することが難しければ、図表やイラスト、写真などを用いて、読み手が理解できるように説明することも必要です。

　例えば、オフィス環境の改善案を提案する場合、言葉で細かな説明をするよりも、オフィスの現状と、アイデアとして考えている改善されたオフィスのイラストや写真を比較して見せれば、一目瞭然です。また、映像やデザイン表現などビジュアルアイデアを提案する場合は、映像コンテやデザインを見せなければ適切な企画書になりません。

(2)　1 枚企画書の事例

　最近では、ほとんどの企画書がパワーポイントで作成されますが、簡単な販売促進企画書などは、1 枚にまとめることができます。

　図 4.3 は、飲料メーカーが新たに発売する清涼飲料水の販売促進の企画書(例)です。この製品は、さわやかなブルー色の飲料とユニークなボトルデザインが特徴です。

　企画書は「タイトル」「目的」「基本戦略」「実施計画」から構成されます。なお、簡単な実施計画の提案なので「背景」は省いています。

　サンプリングの企画自体はありふれているものの、「サンプリングを行いながら簡単なアンケート調査を同時に行うこと」は「販売促進と調査という 2 つの目的を達成すること」ができるというアイデアになっています。

　このように単体ではありふれた施策でも、2 つ以上の施策を組み合わせることで、提案できるレベルになる企画もあります。

新商品　清涼飲料「スカット V」販促企画

1. 目的
1) 　新発売 TV 広告と連動して、「スカット V」のメインターゲット層である男女高校生に「スカット V」を体感してもらい、話題性を喚起し、購入に結びつける。
2) 　「スカット V」の今後の広告、販促展開に向けてメインターゲット層からの意見聴取。

2. 販促戦略
1) 　ターゲット層：10 代男女、特に高校生
2) 　実施エリア　：東京地区
3) 　実施方法　　：口コミや SNS を通しての拡散のために、サンプリング試飲を実施。また、試飲後に簡単なアンケートを実施。

3. 実施計画
1) 　実施場所
　　新宿、渋谷、池袋、恵比寿、原宿の 5 カ所
2) 　実施時期・時間・実施回数
　　7 月 1 日～31 日までの毎土曜日　午後 1 時から 6 時までの 5 時間
　　実施回数は 5 カ所 × 4 回 = 20 回
3) 　実施内容
　　50cc のサンプルボトル 1 本とチラシを渡し、試飲をさせ、アンケートを実施。
4) 　アンケート内容
　　メインターゲット層の確認、スカット V の味や容量、満足感、ボトルデザイン、広告・販促展開について
5) 　実施スタッフ
　　① 　現地統括者…当社社員が交代でサンプリングスタッフを管理。
　　② 　スタッフ……各場所で、当社契約の女性スタッフ 5 名がサンプリングとアンケートを実施。
　　以上、各実施場所 6 名で実施。
6) 　準備物
　　① 　50cc サンプリングボトルとチラシ：1 回 300 人 × 20 回 = 6000 セット
　　　予備を入れて 7000 セット
　　② 　商品ロゴ入りのぼり旗：2 本 × 5 カ所 = 10 本
　　③ 　備品：クーラーボックス、ゴミ袋
　　④ 　アンケート用紙、ボールペン、バインダー
　　⑤ 　サンプリングスタッフ用 T シャツ
7) 　実施費用
　　スタッフ費用、備品を含め概算 500 万円（サンプリングボトル代を除く）

図 4.3　1 枚企画書：清涼飲料水の販売促進の企画書（例）

(3)　複数枚の企画書（パワーポイント）の事例

　図 4.4 は大手医薬品メーカーへの企画書の例です。目的は病院関係者

とのコネクションの強化を図ることです。

　企画のポイントは、病院の患者さんに憩いや癒しを提供するコンサートを実施することで、結果として病院関係者とのコネクションの強化にもつながる点にあり、これはクラシックの演奏家をサポートするという社会的な意義もあります。

　この企画を納得させるためにはしっかりとした裏づけが必要なので、「Ⅱ. 実施概要」では［実行可能性について］という項目を設けて、企画の決定者が納得する説明がなされています。

　図 4.4 に記載したのはタイトルページを入れて 4 枚だけですが、これに「実施見積書」「実施スケジュール」「ヒアリング報告書」「演奏家の団体（日本演奏者ユニオン）の説明」を入れると 10 枚程度になりました。

■ I. 提案趣旨

御社MRと病院医師や看護師の方々に対して御社ブランドの理解向上を図るために、病院内クラシックコンサートの実施を御提案します。
この企画は、病院として、入院されている患者の方々に憩いのひと時を提供する、あるいは北欧では音楽を用いたセラピーも実際に行われていますが、音楽による癒しを提供することで、社会貢献活動といえます。

しかし、実際には実施までの打合せや選曲などを通して、病院事務局や医師・看護師の方々とコミュニケーションを深め、御社の「医療に貢献し、社会に貢献する」という社是を理解していただくことが目的となります。
さらに、クラシックの音楽家は演奏だけで生計を立てるのが難しく、演奏の場を提供することで、彼らの助けにもなります。

下記のようにこの企画は、病院、患者、演奏家、御社の皆がメリット得ることができる企画です。

■ II. 実施概要

実施概要
実施会場：病院内のロビー等
実施内容：ミニコンサートとして弦楽カルテット（ヴァイオリン、ヴィオラ、チェロ）編成
　　　　　1時間半程度のクラシック曲の演奏
実施時期：実施病院と協議して決定
実施費用：添付参照。御社の全額負担とする

【実行可能性について】
1）重傷患者への影響について
　コンサートを実施を検討している病院では外来ホールが入院病室とは離れており、コンサートの編成を弦楽カルテットにすれば、音が病室まで届くことはほとんどありません。
2）病院関係者へのヒアリング
　すでにいくつかの病院にヒアリングしたところ、病院関係者は音楽愛好家が多く積極的支持をいただいています。（添付ヒアリング結果報告をご参照ください）
3）弦楽カルテットでの編成なら、観客席としてイス等を配置していただいただけで、楽器の設置など事前準備も少なく病院関係者をわずらわせることはありません。
4）演奏家の手配
　クラシックの演奏家の多くが加入している日本演奏者ユニオンでは、音楽家に活動の場を与えることができるということで、この企画に全面的な協力する約約束をいただいています。

■ III. 実施計画

1．実施スケジュール
　添付病院20個所（主に外来ホール）で9月4日より順次開催。
2．コンサート編成
　日本演奏者ユニオンの協力により、全国の演奏家を場所日程により個別編成。基本的にはクラシックの弦楽カルテット編成とする。
3．実施方法
　当社内に事務局を設置、事務局が運営を行なう。
　・実施予定病院と日程、コンサート場所を打ち合わせ
　・日程に応じて日本演奏者ユニオンと編成、演奏曲名を決定
　・当日4時に演奏家集合。7時より1時間半のコンサート開催。
4．コンサート参加費について
　参加費は無料。ただし、会場の一角に募金箱を置く。集まった募金は病院へ寄付。

【留意事項】
御社の企業メセナとして、費用は御社が全て負担する。ただし、御社主催とはせずに、各病院の主催とし、御社は協賛の立場をとる。

添付
　1）実施見積書　2）実施スケジュール　3）ヒアリング報告書　4）日本演奏者ユニオンのご案内

図 4.4　複数枚の企画書：大手医薬品メーカーへの「病院内クラシックコンサート企画」(例)

（齊藤　誠）

第 15 章

フラット3
―90分でライバルに勝てるプレゼン技法―

1. フラット3の概要

　フラット3とは、「プレゼンしたいテーマから発表の展開まで含めた最終成果物を、90分で完成させることができて、発表に最低限備えればライバルに勝つことができるメソッド」であり、最終成果物がデジタルでもアナログでも活用できます。

　フラット3作成のプロセスは、**表4.1**のとおりです(時間は目安)。

表4.1　フラット3の3STEP

3STEPの内容	各ステップ	時間
(1)　STEP1(仮説設定):情報を収集し主張のための仮説や結論を決定	①テーマや課題に関する内外の現象を見つめる。 ②主張のための、仮説や結論を考える。 ③背景や周辺情報を、収集し分析する。	30分
(2)　STEP2(主張検討):発散と収束から流れと強調点を明確化	①キーポイントを文章化し、チェックする。 ②関連情報を洗い出す(発散)。 ③関連情報を分類する(収束)。	30分
(3)　STEP3(型づくり):論理的に理解度に応じた内容の型を作成	①プレゼンの展開パターンを決める。 ②関連情報をツリー状に組み立てる。 ③山場を設定し、プレゼンツールに変換する。	30分

2. フラット3の特色

　フラット3では、**表4.1**のSTEP1〜3の限られた時間内で、テーマや課題に関して顕在化している情報や潜在情報を言語化したり、図解化

したりします。これらをツール類(パワーポイントや報告書)に落し込み
作成した成果物を出力し、時間割を設計し、プレゼンに臨みます(**図 4.5**)。

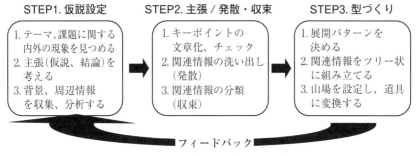

図 4.5　説得的な内容構成プロセス(フラット 3)の全体の流れ

3.　フラット 3 の進め方

　フラット 3 の 3 STEP で実施する作業を以下、詳細に解説していきます。

(1)　STEP1(仮説設定):「仮説設定・情報収集」シートの作成

　表 4.1 の (1)〜(3) をプレゼンの範囲と主張を明確にして、1 枚のシートにまとめます(**図 4.6**)。

テーマ	分散会議が効率化するように、タブレットと専用アプリを売り込む。
主張	タブレット端末と専用アプリの良さをアピールし、一括購入を狙う。
対象	①企業・団体の営業支援担当者 ②企業・団体の人事担当者
情報	(想定) 営業担当者のプレゼンテーション力をアップさせ、受注拡大を支援したい。／分散人材の会議や教育を向上させるツールを検討したい。

図 4.6　「タブレット&専用アプリの売り込み」仮説設定・情報シート(1 枚シート)(例)

その際、「❶テーマ（タイトル）はどうするか」「❷どのような主張（目標・仮説・結論）を狙っているのか」「❸対象者は誰か、誰に対しての説明や説得なのか」「❹対象者の特性やバッググラウンド、その他の情報は何か」といった点に注意します。

例えば、「タブレット＆専用アプリ」の売り込みをテーマとすると、関連した情報は**図4.6**のようにまとめられます。

(2) STEP2（主張検討）：主張すべき内容の発散と収束の作業

表4.1の(1)〜(3)のステップで主張すべき内容を発散思考で出し、収束技法でまとめます。

1) キーポイントを文章化し、チェックする

STEP1で「何のために（目的）」「どのような効果を狙って」「誰に説明・説得をするのか」を明確にしたら、そのキーポイントを把握します。キーポイントとは「要するに何を伝えたいのか」という相手に対するメッセージで、提案者（自分）が対象者（相手）に伝えたい要約となります。説明・説得が脱線したり、伝えたいことがわからなくなった場合、キーポイントに立ち返れば心配無用です。

キーポイントは、頭の中でイメージするだけではなく、必ず言語化することが肝心です。

文章化できて初めて「結局何が伝えたいのか」が明確になるからです。適切に文章化できているかどうかは「5W1H+Back ground+So what」つまり「❶ When（いつ）」「❷ Where（どこで）」「❸ Who（誰が）」「❹ What（何を）」「❺ Why（なぜ）」「❻ How（どのように）」「❼ Back ground（その背景は）」「❽ So What（それで、何？）」に応えているかどうかで判断します。

2) 関連情報を洗い出す（発散）

「要するに何を伝えたいのか」を表すキーポイントを決めたら、

思いつく話題や事例などの各種情報を個人で発散します。これを筆者は「情報花火」と呼んでおり、その手順は以下のとおりです。

① 大学ノートの中心に主張内容（キーポイント）を文章化する。
② 文章を3〜5程度の意味ある情報に分類する。
③ 分類された塊に情報を打ち上げ、花火のように書き出す。
④ さらに2段、3段と「情報花火」を書き込んでいく。
⑤ 数多く「情報花火」を書き込み続ける（目標20個以上）（**図4.7**）。

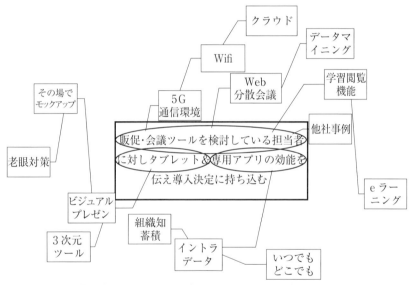

図4.7　「タブレット＆専用アプリの売り込み（発散）」の情報花火（例）

「情報花火」は、関連情報・知識・経験・理想・妄想など思いつくまま連想していきますが、その際のルールは4つあります。

❶ 強制連想：実際のプレゼンでの使用の有無は問わず連想する。
❷ 自由奔放：とにかく自由に発想する（妄想も含む）。
❸ 量を求む：半強制的にたくさん列挙する。

❹　リンク歓迎：列挙しながらさらに思いついたものも記入する。

3)　関連情報を分類する（収束）

発散した情報を論理的にまとめることは簡単ではありません。そのためには情報を「比べる」「分ける」「整理する」ことが必要です。

この際、論理的思考の定義を理解し、いくつかに分類するための収束方法を身につけ、流れを摑んでおくと、効率的にまとめることができます。

論理的思考の定義は論者によって異なりますが、ビジネスにおける簡潔な定義としては以下のものが挙げられます。

①　論理的に考えること。理詰めに考えること[1]

②　妥当性のある複数の理由づけで支えられているロジック[2]

また、論理的にまとめるための分類・比較・因果を考えるうえで次のような思考の流れを理解しておくと整理しやすくなります。

❶　構造的な流れ：大から小、上から下、左から右、全体から各部分へ、など

❷　段階的な流れ：小規模→中規模→大規模、簡単から複雑へ、近くから遠くへ、など

❸　演繹的な流れ：大前提→小前提→結論の展開など

❹　帰納的な流れ：個々の事実から一般法則を、特殊から普遍を導き出す、など

❺　弁証的な流れ：正→反→合、白→黒→灰、重強→軽弱→軽強の展開など

❻　論理的な流れ：基準→理由→列証の展開など

図4.8は、論理的な流れを活用して出した「情報花火」を分類・整理したものです。

---

1)　小野田博一（2010）：『実践トレーニング！論理思考力を鍛える本』、日本実業出版社。
2)　渡辺パコ（2001）：『論理力を鍛えるトレーニングブック』、かんき出版。

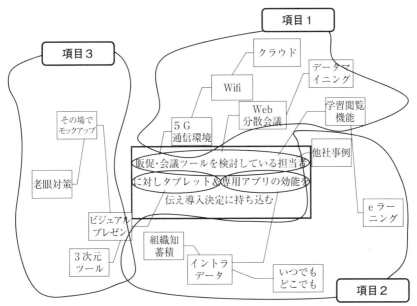

図 4.8　「タブレット & 専用アプリの売り込み（収束）」の分類・整理図

(3)　STEP3（型づくり）：型づくりと入力作業

　上記で情報花火を分類・整理したら、いよいよプレゼンのためにまとめを型づくり、入力する作業となります。その手順は以下のとおりです。

1)　プレゼンの展開パターンを決める

　①　ブロックを明確にする

　　情報は、「意味のある内容の塊」（ブロック）に、「大項目、中項目、小項目」という階層でまとめるのが一般的です。

　②　ブリッジ（橋）を架ける

　　つまり、「ブロックとブロックを結ぶロジックの橋を架ける」ということです。ブロックがまとまったらブリッジをかけることを考えます。そのやり方は、例えば以下のとおりです。

　　(a)　「具体的に 2 つ事例を示すと…」

　(b)　「つまり、これらの効果と反応によれば…」

　(c)　「よって、斬新で付加価値の高い…」

　(d)　「今までご説明した内容をまとめますと…」

　以上のようにしてブリッジを次々と架けていきます。

2)　関連情報をツリー状に組み立てる

　プレゼンの展開パターンが決まったら、それを説明する流れを考えるために、関連する情報をツリー状に組み立てます(**図 4.9**)。

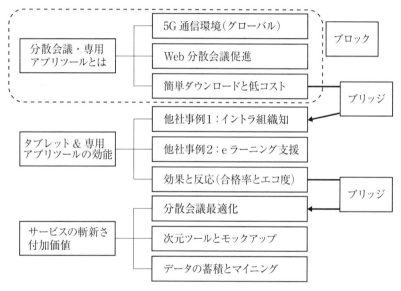

図 4.9　「タブレット & 専用アプリの売り込み」関連情報のツリー図

①　情報をロジカルに組み立てる

　一連の情報に対して、妥当性のある複数の根拠(理由づけ)で、支える筋道を構築していきます。初心者にとっては、最も困難な段階ですが、経験を重ねることで論理的な思考力が、ついていきます。

②　全体のバランスを組み立てる

　　ロジックを組み立てたら、「それぞれのロジックが全体として整合性があって、バランスがとれているかどうか」を検討します。

3)　山場を設定し、プレゼンツールに変換する

　完成したツリー図を眺めながらプレゼンテーションの持ち時間を勘案し、逆算思考で関連情報の一つひとつを言語化・図解化します。

　その際、パワーポイントを作成したらプリントアウトし、大きめの机にすべて並べてみて、順番を再考します。このように俯瞰的に見ることで、プレゼンの導入から山場の部分までを、論理的かつ情熱的に組み直していきます。

4.　フラット 3 の活用事例

　フラット 3 を実際に活用してプレゼンした結果、受注や受賞した例は以下のとおりです。

①　大手化粧品メーカーから上級管理職研修を受注(5 社コンペでの勝利)

②　某学術会議学会で発表論文賞を受賞(23 件中 2 件)

③　某エレクトロニクスメーカーにおいて、組織変革大型コンサルテーションを受注

④　某自動車サプライヤーにおいて、完成車メーカーから基幹モジュールを受注(新規取引成立)

⑤　学生プレゼンテーション大会において、優秀賞を受賞(12 件中)

⑥　某鉄道インフラから、IT 投資戦略企画を受注(開発期間 6 年)

　以上のように、フラット 3 にもとづいてプレゼン内容をしっかり組み立てていけば、自信をもってプレゼンに臨むことができます。

(豊田貞光)

第16章

ビジネスモデル・キャンバス
―1枚のマップで事業構想を共有できるツール―

1. ビジネスモデル・キャンバスの概要

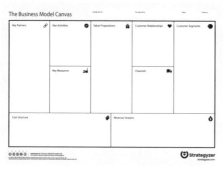

出典）　Strategyzer(https://www.strategyzer.com/canvas)

図 4.10　ビジネスモデル・キャンバス(BMC)

　　ビジネスモデル・キャンバス(以下、BMC)とは、ビジネスモデルを構成する9つの要素によって事業構想を1枚のマップで視覚化できる経営ツール です(**図 4.10**)[1]。

　　新事業開発を中心とした、イノベーション系業務における代表的フレームワークとして、世界中の大企業・中小・ベンチャー企業、政府や行政機関に利用されています。

2. ビジネス・モデルキャンバスの特色

　BMC の最大の特色は、ビジネスモデルという事業全体にかかわる複雑な概念を、視覚的に理解し共有できることです(**表 4.2**)。

---

1)　ビジネスモデル・イノベーションを専門としたコーチングとツールを提供する
　Strategyzer(ストラテジャイザー)の共同創業者であるアレックス・オスターワルダー
　氏の博士論文が原型となり、その指導教官だったスイス・ローザンヌ大学のイヴ・ピ
　ニュール教授との共同作業により考案されました。

表 4.2　BMC の 9 つのブロック

9つのブロック	定義
①顧客セグメント （Customer Segments、CS）	事業の対象となるターゲット層や組織。デモグラフィック、サイコグラフィック、購買行動、顧客のジョブ（Jobs to be done）などで定義。
②価値提案 （Value Propositions、VP）	商品やサービスなどを通して顧客に提供する価値提案。
③チャネル （Channels、CH）	顧客に商品サービスの価値提案を伝達し、購入させるための手段や場所。
④顧客との関係 （Customer Relationships、CR）	顧客と良好な関係を構築し、顧客を獲得、維持、成長させるための方法。
⑤収入の流れ （Revenue Streams、RS）	顧客から収益を上げるための課金方法や収益モデル。
⑥重要なリソース （Key Resources、KR）	そのビジネスモデルが機能し成功するために、特に重要な経営資源。
⑦重要な活動 （Key Activities、KA）	そのビジネスモデルが機能し成功するために、特に重要な活動。
⑧重要なパートナー （Key Partners、KP）	そのビジネスモデルが機能し成功するために、特に重要な外部パートナー。
⑨コスト構造 （Cost Structure、CS）	そのビジネスモデルが稼働することで生じる、事業上の主要コスト。

　大企業であれスタートアップであれ、バックグラウンドが異なる多様なメンバーが参加してチームでイノベーションに取り組むケースが少なくありません。しかし、口頭で議論するだけで事業構想やビジネスモデルについてメンバーの共通認識をつくるのは容易でないため、チームメンバー各自の強みやユニークなアイデアを活かした、創造的かつ戦略的な議論が行われにくいという問題があります。

　BMC は、ビジネスモデルという事業全般に関わる複雑な概念を視覚的にわかりやすく示すことで、チームや組織における「イノベーションの共通言語（shared language）」の役割を果たします。その結果、知識

や専門性の異なる多様なメンバーが参加するイノベーション活動を、効果的に促進することが可能になります。事業構想について、チームメンバー以外にもコミュニケーションもしやすくなるので、組織の意思決定者や外部の投資家と議論し理解を得るのにも役立ちます。

　従来の新事業開発の標準的な手法は、ビジネスプラン（事業計画書）を作成することでした。ビジネスプランは「事業機会」「顧客ニーズ」「事業立ち上げ後、5年間の売上・利益・キャッシュフロー」といった事業に関するさまざまな不確実性の高い要素を、アイデアを実行する前に解明できるという前提のもと、綿密な計画として文書化するものです。

　しかし、机上でいくら入念にプランニングしても、実際にビジネスを行ってみると顧客ニーズの読み違いなどが生じ、事業計画どおりにいかずに失敗するリスクをなくすことは困難です。市場や技術の変化のスピードは劇的に早くなっており、机上の計画では見通せない事業環境の複雑性はいっそう増しています。こうした不確実性が高い環境に対処するために考案されたイノベーション・メソッドとして代表的なのが、リーンスタートアップです。ビジネスモデルキャンバスは、仮説検証をベースとするリーンスタートアップ式の事業開発法と合わせて活用されることで、「21世紀のビジネスプラン」ともいわれています。

　Strategyzer が実施した世界規模のユーザー企業利用動向調査[2] によれば、BMC は新事業開発をはじめとして、既存ビジネスにおける新しい商品サービスの導入、事業戦略の再構築、競合のビジネスモデル分析、M&A における買収先の事業分析など14の目的で活用されています。

3.　ビジネスモデル・キャンバスの進め方
(1)　チームで活用するやり方
　ここでは最も代表的な利用目的である新事業開発において、BMC を

2)　Strategyzer（2015）："Business Model Report"（https://www.strategyzer.com）

チームで活用する方法を解説します。

　まず最初に、利用者の目的に合った任意の方法(例：ブレインストーミング)で、ビジネス・アイデアを出します。初期のアイデア出しの段階からBMCを使う必要は必ずしもありません。ユニークな事業を考案するためには、アイデアの量も必要です。例えば、「顧客は誰か」「顧客はどのような問題をかかえているか」「その問題をどのように解決するのか」といった、基本的要素からなるビジネス・コンセプトのレベルで考えたほうが、アイデアも出やすいでしょう。

　こうして出したアイデアをチームのメンバー同士でさまざまな角度から検討し、いくつかの有力案を作ります。これらについて「どのようなビジネスになり得るか」を議論し、BMCの9つのブロックに当てはめビジネスモデル案を作ります。BMCに記述するのに長い時間をかける必要はありません。検討とキャンバスへの記述を含め、一つのビジネスモデル案に対し30分から長くても1時間以内で十分でしょう。

　BMCを使ってビジネスモデル案を作るのは、あくまで出発点です。重要なのはその次に行う仮説検証です。スタンフォード大教授でリーンスタートアップの生みの親、スティーブ・ブランク氏が指摘[3]するように、初期のビジネスアイデアは希望的な推測や思い込みが多分に含まれており、それらはたいてい間違っています。BMCで作った事業案のビジネスモデルがもしうまくいくとしたら「何が真実でなければならないか」を問いかけ、前提となっている暗黙の仮説をメンバーで洗い出します。

　検証すべき仮説が明らかになったら、それらを重要度の高い順に並べてリストアップし、上位の仮説からインタビュー調査やプロトタイプによる実験などを通じて検証していきます。ここでいう重要度の高い仮説とは「もしその仮説が間違っていたら、その事業に対して致命的なイン

---

3)　スティーブン・G・ブランク、ボブ・ドーフ 著、堤孝志、飯野将人 訳(2012)：『スタートアップ・マニュアル』、翔泳社。

パクトがある仮説」のことです。これら一連の仮説検証によって判明した事実やデータにもとづき、ビジネスモデル案を継続的に改善します。

　こうした仮説検証の目的は、有力な見込み顧客とそのニーズ、適切なプライシング・ポイントや販売チャネルなど、BMCの各ブロックに関する重要な仮定を検証することで、その事業案が成功する方向性を、実際に大がかりに事業展開する前に見出すことにあります。このようにBMCは、事業構想のデザインから仮説検証によるブラッシュアップまで、事業創造プロセス全体におけるプラットフォームとして活用します。

(2)　BMCを効果的に活用するための基本的な使用方法

　BMCを効果的に活用するための基本的な使用法を、**表4.3**に解説します。

表4.3　BMCを効果的に活用するための基本的な使用方法

基本的使用方法	ガイドライン
9つのブロックのどこから書き始めてもよい。	ここから書き始めなければならないといった決まりは、ありません。例えば、自社の特許の活用を前提にした新ビジネスなら、KRに特許をまず置いて、VPやCSなどを検討するという手順でもいいでしょう。
アイデアをキャンバスに直接書き込まずに、ポストイットに記述する。	BMCを使用して複数の人間で議論する際には、キャンバスに直接書きつけてしまうと、アイデアが固定化され、自由活発で創造的な議論を邪魔してしまいがちです。ホワイトボードや模造紙にキャンバスを書いて議論する場合は、大サイズのポストイットを使用すると便利です。
9つのブロックの内容を記述する際、数語程度で、できるだけ簡潔に定義する。	文章で長々と記述するとポイントがわかりにくく、共通認識やコミュニケーションを阻害します。また、キャンバスへの記述は大きな文字でハッキリと書けば、議論を活発化させ気づきが得やすくなる効果が期待できます。
1枚のポストイットには1つの概念を書く。	次元の異なる概念は、別のポストイットに分けて書いてください。例えば、顧客セグメントに大企業、中小企業、一般消費者と、1枚のポストイットにまとめて書かずに、3つに分けて書くようにしてください。

表4.3　つづき

基本的使用方法	ガイドライン
本当に重要な要素に絞り込んで、記述する。	BMCでは、その事業が成功するメカニズムやセオリー、いわば戦略のビッグピクチャーを示すべきです。9つの各ブロックをポストイットで埋め尽くすと、事業構想の全体像と要点が摑めなくなって、戦略的かつ創造的な議論ができず、深い洞察も得られなくなります。
要素同士のつながり、互いの関係性や因果関係をよく検討する。	BMCの各ブロック内に描き込んだ要素同士のつながり、互いの関係性や因果関係についてチェックしてください。他とのつながりが明確でない要素は、重要性が低い証拠なので取り除くか、再検討してください。

4.　ビジネスモデル・キャンバスの活用事例

　BMCのユーザーは、グローバルな大企業からベンチャー企業、政府部門まで多岐にわたります。例えばクレジットカード業界の巨人、マスターカードもその1つです。同社は、BMCを世界各国の拠点に組織的に導入し、新サービス開発等に活用しています[4]。日本でも多くの企業、ベンチャー、公的組織、ビジネスパーソン、起業家に使われています。

　ここではBMC活用の実例として、スマホと連動し自宅で手軽に使える乳幼児用のパルスオキシメーター（心肺機能測定器）を開発・販売する米国のOwlet Baby Care（以下、Owlet）[5]のケースをご紹介します。

　Owletチームの当初のビジネス・アイデアは、病院で使われている心肺測定器のコードをなくしリモート式にすることでした（**図4.11**(a)）。

　Owletチームが調査した結果、想定ユーザーの看護師58名の内93%

4)　Strategyzer Webinar：" How MasterCard Trained Business Modelling To 1000+ People"(https://youtu.be/ELhwlD27Hyw)

5)　Owletはハーバード大学やブリカムヤング大学などが主催する、世界最大級のリーンスタートアップ型ビジネス・コンテスト IBMC(International BusinessModel Competition)において優勝し、雑誌『Forbes』の "Next Billion-Dollar Startup" にも選出され、米国、カナダ、オーストラリアで事業展開しています。ビジネスモデル・キャンバスを使った彼らのIBMCでのプレゼンテーション動画は、IBMC2013優勝チーム「Owletの公開プレゼン動画」(https://youtu.be/XY97Mu36Qs4)で見ることができます。

（a） オウレット・ビジネスモデル:バージョン1

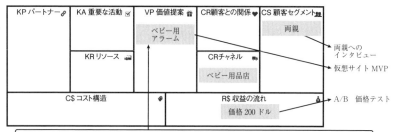

（b） オウレット・ビジネスモデル:バージョン2

<table>
<tr><td colspan="2">KP パートナー🖇</td><td>KA 重要な活動☑</td><td>VP 価値提案📑</td><td>CR顧客との関係♥</td><td>CS 顧客セグメント👥</td></tr>
</table>

3 修正 機能を必要最低限に絞り、リスクの少ない乳幼児の健康測定器に変え、アラームを削り、ターゲットとする顧客セグメントを「あまり心配性でない親」に変えた。

（c） オウレット・ビジネスモデル:バージョン3

出典） アレックス・オスターワルダー、イヴ・ピニュール、グレッグ・バーナーダ、ア
ラン・スミス著、関美和訳(2015):『バリュー・プロポジション・デザイン』、p.246、
p.248、p.250、翔泳社、を筆者が一部修正。

図 4.11 オウレット・ビジネスモデル

が好意的に評価しましたが、購買にかかわる病院スタッフに調査すると、利便性よりもコスト重視のために、ニーズが低いことがわかりました。

　こうした仮説検証の結果を踏まえ、簡便なリモート式の心肺機能測定器というコアアイデアはそのままに、顧客セグメントを「乳幼児をもつ両親」に変えて、B to B から B to C へと方向転換しました(図 4.11 (b))。

　この新しい事業仮説を検証してみると、睡眠中の乳幼児の呼吸状態をスマホで手軽に自宅でモニターできることに、高いニーズがあると判明しました。さらに、販売チャネル(CH)や収益の上げ方(RS)についても、インタビュー調査などで検証し、病院から一般小売店へ、レンタルから販売へ、と当初の仮説をそれぞれ修正し、適切な販売価格も実験調査で割り出しました。

　このようにして Owlet チームがさらに仮説検証を進めた結果は、図4.11 (c)のとおりで、図 4.11 (c)では顧客セグメントをニーズの違いに応じて 2 つに分けています。また、FDA(米国食品医薬品局)の認可が必要なことが調査によってわかったので、まずは当局の認可が不要な簡易型商品を先行投入し、後でフラッグシップ商品を導入する方針に変更しました。ビジネスモデルの各ブロックに関する仮説検証とブラッシュアップは、この後も続き事業の立ち上げへと向かっていきます。

　以上の活用事例では「①ビジネスアイデアを参加メンバーで議論し、ビジネスモデル・キャンバス上に記述した」「②これらを単なるアイデアのスケッチに留まらないよう、ビジネスモデル案が前提とする重要な仮説を検証し、エビデンスやデータを集めた」「③これらの事実や証拠にもとづきビジネスモデルを練り直し、仮説検証による学習と修正のサイクルを継続的に回した」といったポイントを実行したからこそ、成長が期待できるビジネスモデルを見い出せたのです。

(河野龍太)

第 17 章

目的工学ワークショップ
—目的思考を活用した新規プロジェクト産出法—

1. 目的工学ワークショップの概要

　目的工学は、「アポロ計画や新幹線計画など、過去のイノベーション・プロジェクトが「目的」を創造し、その目的をマネジメントすることを通じて実現されてきた、という仮説にもとづき考案されたイノベーションの方法論」[1] です。

　そして、目的工学ワークショップは、「イノベーションを起こすための「新規プロジェクト」を産み出す手法として、筆者を含めた目的工学研究所のメンバーによって設計したもの」です。

　目的工学ワークショップは、起点とする「目的」を実現するために主体的に集まった人々が、目的に共感できるメンバー同士でチームを組んで、プロジェクトを実際に立ち上げる、という一連のプロセスを含んだワークショップのプログラムです。

　ワークショップでの議論の過程において、「目的実現のために必要なリソースは何か」「そのリソースを集めるためには誰に働きかけ、どう説得すればよいか」などの思考実験も行うことで、プロジェクトの実現に向けた次のアクションに、スムーズに移行することができます。

---

1) このバックグランドには、経営学における「知識創造理論」があり、今日その実践を行ううえで重要な一部分を担う機能として位置づけています。

2.　目的工学ワークショップの特色

　目的工学ワークショップの特長は、ワークショップが終わったときに、目的(あるべき姿)を実現するための「プロジェクト(案)」と、その目的に共感し実現に向けて協力する「プロジェクトチーム」という 2 つの直接的なアウトプットが出ることです。

　この「①プロジェクト案の創出」および「②プロジェクトチームの結成」という 2 条件が揃うことで具体的にアクションを起こす環境が整います。

　関係性やアイデアがその場限りとならずに継続してプロジェクトが動く確率が高いのも、この技法の特長ですが、他のワークショップと異なる決定的な特長は「参加者各自に文字どおりの"目的"を考えてもらう機会があること」にあります。

　目的は通常「○○のために(私は)□□を行う」という形式をとります。ここには「①行動の目的を明確にする(現状とは異なる本来あるべき姿、実現したい状態を考える)」という意味合いと、「②実際にそれに対する具体的行動を伴う(少なくとも検討・試行してみる)こと」が含まれます。

　また、目的を考えるということには必然的に主体性を問うことも意味します。少し大げさにいえば、「あなたは何のために生きているのか」という本質的な問いを突き付けられるわけです。

　この問いに答えようとするプロセスを通じて、「自分が人生において実現したかったこと」を起点に、未来のあるべき姿に向けて現状を変えることに対し、「自分事」としてかかわりをもつことにつながるのです。

3.　目的工学ワークショップの進め方

　目的工学ワークショップの手順は、以下のとおりです。

(1)　事前準備

1)　テーマを決め、参加者を募集する

　例えば「新規事業を考える」「新しい働き方を考える」といったテーマを決めて参加者を募集します。参加者は企業であれば社内に呼びかけ、地域であれば広く市民に呼びかけて集めます。

　ただし、呼びかける際には、「このワークショップは参加者がその後、実際にプロジェクトを立ち上げ、実践していくためのものであること」を伝えておくことが重要です。「"やりたい"という気持ちをもった人をどれだけ集められるか」が、その後、実際にプロジェクトが立ち上がるかどうかの鍵となるからです。

(2)　ワークショップ本番

1)　参加者はワークショップの趣旨とアウトプットを共有する

　イノベーティブなプロジェクト案を創出するため、参加者の皆さんには「目的を考えることの重要性」と「目的を3階層で捉えることの意義」を伝えます。人類初の月面着陸を成功させた「アポロ計画」などを参考に「前例のないイノベーション・プロジェクトを実現できた背景には、目的工学的思考があったこと」を理解してもらうのです。

　次に、目的工学ワークショップにおける目的形成の手順を示し、「最終的なアウトプットとして、中目的（＝プロジェクト案）を創出することがゴールであること」を伝えて、「小目的、中目的、大目的それぞれの具体的な定義と、それらの関係性（目的と手段の階層的関係）」についても、共有しておくとよいでしょう。

2)　小大中3種類の目的を創出し、中目的ごとにチームを形成する

　①　小目的（個別目的）の創出

　　実際のワークとして最初に行うのが、小目的の創出です（図4.12）。

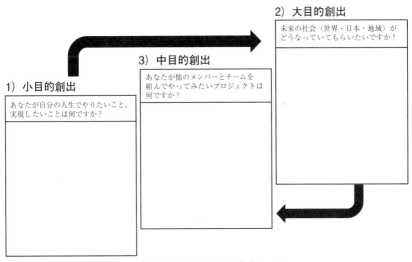

2）大目的創出

未来の社会（世界・日本・地域）が
どうなっていてもらいたいですか？

3）中目的創出

あなたが他のメンバーとチームを
組んでやってみたいプロジェクトは
何ですか？

1）小目的創出

あなたが自分の人生でやりたいこと、
実現したいことは何ですか？

図 4.12　目的の 3 階層構造シート

　ここでのポイントは「"自分が本当にやりたいこと""自分が得意なこと"を、どれだけ掘り下げられるのか」になります。普段から考えていないと、意外とこれらの質問に答えるのは難しいので、少し時間をかけたり、事前にこのような質問への回答を準備してもらってから、ワークショップに参加できる形式をとるとよいでしょう。

② 大目的（社会目的）の創出

　小目的の次には大目的を創出します。ここでは「"社会のあるべき姿"について、どれだけ具体的にイメージを描けるのか」がポイントです。この次に検討する実際のプロジェクト（＝中目的）は、この大目的を実現する手段として考えるため、「これは目的工学のワークショップで一番の鍵になる」といっても過言ではありません。大目的は、他の目的の手段にはなり得ない最上位の目的だからです。

　小目的は、基本的に自分事なので考えられると思いますが、大目的は社会的なニーズを検討する必要があるため、難易度がぐっと高

くなるかもしれません。考えるのが難しい場合には、SDGs(持続可能な開発目標)の17のゴールが参考になると思います。

③　中目的(プロジェクト目的)の創出

大目的の次には、中目的を創出します。ここでは、「創出した小目的と創出した大目的をつなぐことのできる、挑戦の程度がちょうどよい中目的をいかに見出せるか」がポイントになります。

中目的(プロジェクト目的)は、小目的と大目的とどちらにも引きずられ過ぎてはいけません。小目的に引きずられれば「できる」ベースでの考えになり、従来と異なる新しいアイデアにはなりにくいでしょう。また大目的に引きずられすぎると、実現へのロードマップを描けず、単なるお題目となってしまう可能性が高いでしょう。

創出された中目的に対して、1人1つもしくはワークを行ったグループ内で上位3つくらい選択し、「いかにそのプロジェクト案が魅力的で、実行することが社会にとり意義があるのか」について、ワークショップの参加者全員に対し、プレゼンテーションします。

④　中目的への関心・共感にもとづくチームの結成

上記までのワークをひととおり終えたら、参加者全員に共有されたプロジェクト案に対して投票して、数を絞り込み、絞ったプロジェクト案から各自がさらに参加したいものを選択(表明)して、プロジェクトチーム(コアメンバー)を結成します。

3)　チームごとに中目的(プロジェクト)の実現要件を探索・検討する

①　中目的のブラッシュアップ

各プロジェクト案に対して参加を表明したメンバー間で、まずは「各位が当該プロジェクト案にもつ「こんなことができるのでは」「こんなことをしたい」というイメージを擦り合わせます。これが完了したら、プロジェクト案の具体化に向けて簡単なリサーチやフィールドワークを行います。実行可能なプロジェクトに近づけるための

探索のプロセスですが、ある程度具体化できたら、プロジェクトの内容を言語化し、以下のような目的工学における中目的の3つの評価基準「明確さ」「筋の良さ」「強さ」に照らして評価します。

(a) 明確さ：達成された姿や達成する時期の明確性

(b) 筋の良さ：将来に見込める発展性・展開性

(c) 強さ：ステークホルダーを巻き込む魅力・訴求力

評価を通じて、もしまだ不十分と考えられる部分がある場合には、さらなる探索や議論、ブラッシュアップを繰り返します。

② 小目的のブラッシュアップ

中目的の次は、小目的をブラッシュアップします。ここでは、自分が参加することになったプロジェクト（中目的）が、「"自分がやりたいこと・できること"と、本当に結びついているか」「実際に自分のどのような強み・リソースを生かして、プロジェクトに貢献できるか」を具体化していくことがポイントになります。また、コアメンバーだけでは足りない知識、技術、人材などのリソースについて、「誰がもっているのか」「どこにあるのか」の目星をつけるのも、プロジェクトを具体化していくうえで重要な作業になります。

③ 大目的のブラッシュアップ

最後に行う大目的のブラッシュアップのポイントは「各ステークホルダーが、動機づけされる価値について具体化していくこと」です。

例えば、新規事業の場合には、「顧客は誰なのか」「顧客への提供価値は何なのか」「資金の出し手（金融機関など）が資金を出す動機となる社会的価値は何なのか」、さらに「会社の経営者が資金を出す動機となる、社会的価値は何なのか」などが検討されます。

資金の出し手や会社経営者にとって、プロジェクト（＝事業）の収益性は判断材料として重要であることは間違いないのですが、それだけにとどまらず、「プロジェクトがもつ社会的価値が何なのか」

について説明し、相手方を説得できるような状況まで具体化することが重要です。最近ではクラウドファンディングという資金調達の方法もありますが、「自分だったらそのプロジェクトに、どれだけのお金を出したいと思えるか」「何と言って説得されれば、お金を出そうと思えるか」を検討してみるのもよいでしょう。

　ワークショップの最後には、チーム発表を行い、他のチームの方からフィードバックをもらいます。このフィードバックはプロジェクトの実現に向けた次のステップで実際に人々を巻き込み、リソースを集めに行く際に遭遇する意見として非常に参考になります。

4.　目的工学ワークショップの活用事例―新規事業開発

　新規事業開発は、スタートアップで新事業を起こすケースや、既存事業を有している企業が、新たに事業を起こすケースなどがあります。新規事業を起こす目的として多くの企業が掲げるのは、「自分たちの企業を永続させるためには、顧客に新たな価値を提供し続けること(新規事業の開発)が必要だから」ではないでしょうか。

　では、本題である新規事業開発ワークショップの進め方について、考えてみましょう。以下に「小、大、中3種類の目的を創出し、中目的ごとにチームを形成する」というプロセスに焦点を当てたとき、1つの典型的な代替手順がどうなるのか、挙げておきます。

1)　社会の未来像を描く(大目的の検討)

　まず「何のために新規事業を起こすのか」という目的を明らかにするための問いかけがスタートになります。思考プロセスとして、現状から考えるのではなく、まず社会の未来像、あるべき姿を描いてみます。現在から未来を考えるのではなく、未来から現在を考える(バックキャスト)という発想およびプロセスが重要になります。

　これはビジネス全体が従来のようなプロダクトアウト型ではなく、

マーケットイン型(アウトサイドイン型)に変化していることも、大きな理由の1つです。将来予測の各種資料や国の中長期基本計画の資料なども参考にして、まずは社会のあるべき未来像について考えながら、議論し意見を共有してみましょう。

2)　コアコンピタンスの棚卸(小目的の検討)

　新規事業というと既存事業との差異に注目しがちですが、異なる分野を無理矢理検討するよりも、自社のコアコンピタンス(技術、販売チャネル、ブランド、市場など)が生きる領域を選べば、成功確率が上がるため、自社のコアコンピタンスを棚卸ししてみましょう。

　既存ビジネスとコアコンピタンスのつながりや関係性の可視化を、因果分析などによって行うことができれば、関係者全員の理解を深めることができるので効果的です。また、社内や社外の誰がケイパビリティをもっているかについても、同時に目星をつけておくとよいでしょう。これは事業領域を決めるのに必須の手順となります。

3)　事業領域の定義

　社会のあるべき未来像から、現在自社がもつコアコンピタンスを分析することを通じて、これから取り組むべき事業領域を検討します。対象となる事業領域は、社会的なニーズに対して技術的な関連性が強い領域や、他社の協力があれば成し得る領域も検討します。

　事前に棚卸をしたコアコンピタンスを軸に、ビジネス性も考慮しながら、大まかでよいので定義してみましょう。「同じ製造技術や販売チャネルが使える」などのように、さまざまなパターンについて視点を変えて考えてみることが重要です。対象とする事業領域を決めることは、マーケティングでSWOT分析やポートフォリオ分析などから、対象市場やターゲット層を決めるのに相当します。

4)　プロジェクト案の創出(中目的の検討)

　ここでは、質よりも量を出すことが重要です。アイデアを出し尽く

したら投票を行い、候補を絞り、カテゴリー分けします。絞り込まれたアイデアは事業領域に沿ったものとなる場合が多いですが、そうでないアイデア群も後々のため残しておくようにします。

　カテゴリーごとに参加者を募りディスカッションチームを結成します。そこで再度議論をして最終的なプロジェクト案を創り上げるとよいでしょう。この際に複数のアイデアを結びつけるなどして新たなアイデアが生まれれば、プロジェクト案の精度が高まります。

　1回の議論ですべてが決まると思わずに、探索し、議論し、磨き上げる、というプロセスを繰り返すことで、プロジェクト案の精度を高めていくことが重要です。また、これらの過程で生み出された各プロジェクトのアイデアは、統一したシート（表4.4）にまとめ、いつでも利用可能な状態としておけるとよいでしょう。

表4.4　プロジェクトアイデアノート

		社会価値（現状→あるべき姿）	企業価値（収益の仕組み）
大目的	共通善		
		顧客ターゲット	顧客への提供価値
中目的	プロジェクト		
		既存リソース (コアコンピタンス、ケイパビリティ、オペレーション)	新規リソース (社外リソース：専門家、他企業、顧客との協働含む)
小目的	実現手段		

（安藤正行）

引用・参考文献

第Ⅰ部（第1章～第4章）

[1] 樋口健夫(2008)：『一冊のノートで始める力・続ける力をつける』、こう書房。

[2] 樋口健夫(2011)：『図解 仕事ができる人のノート術』、東洋経済新報社。

[3] 樋口健夫(2004)：『稼ぐ人になるアイデアマラソン仕事術』、日科技連出版社。

[4] 樋口健夫(2007)：『「金のアイデア」を生む方法』、成美堂出版。

[5] 樋口健夫(2008)：『グループ・アイデアマラソン発想法』、ジャストシステム。

[6] 樋口健夫(1998)：『マラソンシステム』、日経BP社。

[7] 澤泉重一・片井修(1997)：『セレンディピティの探求』、角川学芸出版。

[8] R.M.ロバーツ著、安藤喬志訳(1993)：『セレンディピティー』、化学同人。

[9] クリストフォロ・アルメーノ著、徳橋曜監訳(2007)：『セレンディッポの三人の王子』、角川学芸出版。

[10] 加藤昌治(2003)：『考具』、ティビーエス・ブリタニカ。

[11] 有賀三夏(2018)：『自分の強みを見つけよう』、ヤマハミュージックエンタテインメントホールディングス出版部。

[12] フィリップ・ヤノウィン著、京都造形芸術大学アート・コミュニケーション研究センター訳(2015)：『学力を伸ばす美術鑑賞』、淡交社。

[13] R.リチャート、M.チャーチ、K.モリソン 著、黒上晴夫、小島亜華里 訳(2015)：『子どもの思考が見える21のルーチン』、北大路書房。

[14] 上條雅雄(2010)：「ダニエル・ゴールマンから見たハワード・ガードナー」、日本MI研究会(http://www.japanmi.com/mifile/topics11/topics/JMIS-DanielGoleman.pdf)

第Ⅱ部（第5章～第9章）

[1] 髙橋誠編著(1981)：『創造開発技法ハンドブック』、日本ビジネスレポート。

[2] 髙橋誠(1984)：『問題解決手法の知識』、日本経済新聞社。

[3] 髙橋誠(1999)：『問題解決手法の知識 第2版』、日本経済新聞出版社。

[4] 髙橋誠編著(2002)：『新編 創造力事典』、日科技連出版社。

[5] 髙橋誠(2004)：『仕事ができる人の問題解決の技術』、東洋経済新報社。

[6] 髙橋誠(2007)：『ブレインライティング』、東洋経済新報社。

[7] 髙橋誠(2008)：『会議の進め方 第2版』、日本経済新聞出版社。

[8] Amabile, T.M.(1983)：*The social psychology of creativity*, New York: Springer-Verlag.

[9] B. ミラー、J. ヴィハー、R. ファイアスティン著、弓野健一監訳、南学、西浦
和樹、宗吉秀樹訳(2006)：『創造的問題解決』、北大路書房。

[10] 藤本徹、森田裕介編著(2017)：『ゲームと教育・学習』、ミネルヴァ書房。

[11] Fleming, L.(2004)："Perfecting Cross-Pollination", *Harvard Business Review*, The September 2004 Issue, pp.22-24.

[12] 川路崇博、國藤進(2000)：「グループ発想支援ツール「発想跳び」の試作と
評価」、『日本創造学会論文誌』、4、pp.18-36.

[13] Rohrbach, B.(1969)："Kreativ Nach Regeln - Methode 635, eine neue Technik zum Lösen von Problemen", *Absatzwirtschaft*, 12 (19), S.73-75.

[14] トニー・ブザン、バリー・ブザン 著、神田昌典 訳(2005)：『ザ　マインド
マップ』、ダイヤモンド社。

[15] トニー・ブザン、トニー・ドッティーノ、リチャード・イズラエル 著、近
田美季子 監訳(2013)：『マインドマップ・リーダーシップ』、ダイヤモンド社。

[16] トニー・ブザン 著、近田美季子 監修、石原薫 訳(2018)：『マインドマップ
最強の教科書』、小学館集英社プロダクション。

[17] 平松広司・平松隆著(2017)：「共創型デザインアプローチの構築」、『デジタ
ルプラクティス』、Vol.8、No.4。

[18] 株式会社ネットプロテクションズウェブサイト(https//www.ibm.com/jp-ja/case-studies/h044118i40689w79)

[19] 見える事例検討会(https://www.facebook.com/mierujirei/)

[20] ITメディアエンタープライズ「マインド・マップの基本と応用」（https://www.itmedia.co.jp/im/articles/0506/18/news016.html）

[21] 中山正和(1980)：『NM法のすべて』、産業能率大学出版部。

[22] 中山正和(1996)：『なまけ禅・「い」から「うん」まで』、ビジネスデザイン
研究所。

[23] 池澤七郎(1984)：『知恵の出し方』、日総研出版。

[24] 松波晴人、山岡俊樹「家庭用機器のユーザリクアイアメント抽出手法の比較
研究」『デザイン学研究』、52(2)、pp.31-40、2006年4月。

[25] 松波晴人(2011)：『ビジネスマンのための「行動観察」入門』、講談社。

[26] 松波晴人(2013)：『「行動観察」の基本』、ダイヤモンド社。

[27] 松波晴人(2018)：『ザ・ファースト・ペンギンス』、講談社。

第Ⅲ部(第10章〜第13章)

[1] 川喜田二郎・牧島信一(1970)：『問題解決学』、講談社。

[2] 川喜田二郎(1971)：『雲と水と』、講談社。

[3] 川喜田二郎編著(1971)：『移動大学』、鹿島研究所出版会。

[4] トム・ケリー、ジョナサン・リットマン 著、鈴木主税、秀岡尚子 訳(2002)：『発想する会社』、早川書房。

[5] 國藤進(2015)：「創造思考とデザイン思考の統合としてのアクティブ・ラーニング」、情報教育セミナー 2015、ニッショーホール。

[6] 山浦晴男(2015)：『地域再生入門』、筑摩書房。

[7] 川喜田二郎記念編集委員会編(2016)：『融然の探検』、清水弘文堂書房。

[8] 國藤進、山浦晴男、三村修、白肌邦生、由井薗隆也(2016)：「ミニ移動大学三つの効能」『日本創造学会第 38 回研究大会論文集』、pp.22-25。

[9] 中川徹(2016)：「創造的な問題解決のための一般的な方法論 CrePS：TRIZ を越えて」、TRIZCON2016 発表(https://www.osaka-gu.ac.jp/php/nakagawa/TRIZ/)

[10] 中川徹・藤田新(2007)：「オートロックドア方式のマンションで不審者の侵入を防ぐ方法」、日本 TRIZ シンポジウム 2007。

[11] Darrell Mann 著、中川徹 監訳、知識創造研究グループ 訳(2014)：『体系的技術革新』、クレプス研究所。

[12] 中川徹(2015)：「USIT プロセス資料(マニュアル、適用事例集他)」(https://www.Osaka-gu.ac.jp/php/nakagawa/TRIZ/)

[13] 日経トップリーダー 編(2016)：『社長のための経営ハンドブック 2017 年度版』、日経 BP 社。

[14] 田村新吾(2008)：『実践的 MOT のススメ』、慶応義塾大学出版会。

[15] 前野隆司編著(2014)：『システム×デザイン思考で世界を変える』、日経 BP 社。

[16] ティム・ブラウン著、千葉敏生訳(2014)：『デザイン思考が世界を変える』、早川書房。

[17] 日経デザイン編(2016)：『デザイン思考のつくりかた = Design Thinking』、日経 BP 社。

[18] Fleming, L.(2004)：*Harvard Business Review*, Vol. 82, Issue 9.

[19] ウェルビーイングデザインウェブサイト(https://www.well-being-design.jp)

[20] 健康フラ・介護フラ協会ウェブサイト(https://www.carehula.jp)

[21] 前野隆司：「感動話をおかずに白飯を食べる「白飯会議」」(https://www.well-being-design-blog.com/post/shiromeshi)

[22] ひより農園ウェブサイト(http://hiyori-farm.goodplace.jp)

[23] 介護付き高齢者スナック「Go to Heaven」ウェブサイト(https://snack gotoheaven.themedia.jp)

第Ⅳ部（第14章～第17章）

［1］　髙橋誠（2012）：『ひらめきの法則』、日本経済新聞社。

［2］　髙橋誠（2019）：『わかる！できる！図解　問題解決の技法』、日科技連出版社。

［3］　齊藤誠（2002）：『知らずに身につく企画書・提案書の書き方』、日本実業出版社。

［4］　齊藤誠（2010）：『まねして書ける企画書・提案書の作り方』、日本能率協会マネジメントセンター。

［5］　小野田博一（2010）：『実践トレーニング！論理思考力を鍛える本』、日本実業出版社。

［6］　渡辺パコ（2001）：『論理力を鍛えるトレーニングブック』、かんき出版。

［7］　豊田貞光（2013）：『「リセット力」で今からの脱出』、産業能率大学出版部。

［8］　アレックス・オスターワルダー、イヴ・ピニュール、小山 龍介訳（2012）：『ビジネスモデル・ジェネレーション』、翔泳社。

［9］　アレックス・オスターワルダー、イヴ・ピニュール、グレッグ・バーナーダ、アラン・スミス著、関美和訳（2015）：『バリュー・プロポジション・デザイン』、p.250、翔泳社。

［10］　Strategyzer（2015）："Business Model Report "（https://www.strategyzer.com）

［11］　スティーブン・G・ブランク、ボブ・ドーフ 著、堤孝志、飯野将人 訳（2012）：『スタートアップ・マニュアル』、翔泳社。

［12］　Strategyzer Webinar：" How MasterCard Trained Business Modelling To 1000+ People"（https://youtu.be/ELhwlD27Hyw）

［13］　IBMC2013 優勝チーム「Owlet の公開プレゼン動画」（https://youtu.be/XY97Mu36Qs4）

［14］　紺野登、FCAJ目的工学研究所（2018）：『WISEPLACE INNOVATION』、翔泳社。

［15］　紺野登、目的工学研究所（2013）：『利益や売上げばかり考える人は、なぜ失敗してしまうのか』、ダイヤモンド社。

［16］　紺野登、野中郁次郎（2018）：『構想力の方法論』、日経BP社。

［17］　野中郁次郎、竹内弘高 著、梅本勝博 訳（1996）：『知識創造企業』、東洋経済新報社。

［18］　野中郁次郎、紺野登（2003）：『知識創造の方法論』、東洋経済新報社。

索　引

編 著 者 紹 介

【編著者】
髙橋　誠(たかはし まこと)　(執筆担当：まえがき、本書の使い方、第6〜8章)
　　日本創造学会評議員長(元会長・元理事長)。㈱創造開発研究所代表。博士(教育学)。

【編集委員】
奥　正廣(おく　まさひろ)
　　日本創造学会評議員(元会長・元理事長)。東京工科大学名誉教授。

櫻井敬三(さくらい　けいぞう)
　　日本創造学会評議員(元副会長・元理事長)。日本経済大学特任教授。博士
　　(MOT)。

徐　方啓(じょ　ほうけい)
　　日本創造学会理事(前会長・元理事長)。近畿大学教授・経営イノベーション研究
　　所所長。博士(知識科学)。

永井由佳里(ながい　ゆかり)　(執筆担当：第4章)
　　日本創造学会理事長。北陸先端科学技術大学院大学理事・副学長。博士(学術)、
　　Ph.D.

比嘉佑典(ひが　ゆうてん)
　　日本創造学会名誉会長(元副会長・元理事長)。東洋大学名誉教授。博士(教育学)。

【執筆者】
樋口健夫(ひぐち　たけお)　(執筆担当：第1章)
　　日本創造学会会員(元評議員長)。アイデアマラソン研究所所長。博士(知識科学)。

澤泉重一(さわいずみ　しげいち)　(執筆担当：第2章)
　　日本創造学会元監事。経営近代化協会(SAM)日本チャプター元会長。博士(情報
　　学)。2019年9月逝去。

石井力重(いしい　りきえ)　(執筆担当：第3章)
　　日本創造学会評議員。アイデアプラント代表。早稲田大学非常勤講師。

有賀三夏(ありが　みなつ)　(執筆担当：第4章)
　　日本創造学会会員。東北芸術工科大学講師。

下郡啓夫(しもごおり　あきお)　(執筆担当：第4章)
　　日本創造学会会員。函館工業高等専門学校一般系教授。

上條雅雄(かみじょう　まさお)　（執筆担当：第4章）
　オフィス観音崎代表。日本MI研究会会長。

西浦和樹(にしうら　かずき)　（執筆担当：第5章）
　日本創造学会理事。宮城学院女子大学教授。博士(心理学)。 臨床発達心理士。

川路崇博(かわじ　たかひろ)　（執筆担当：第6章）
　日本創造学会理事。久留米大学准教授。博士(知識科学)。

池澤七郎(いけざわ　しちろう)　（執筆担当：第8章）
　日本創造学会会員(元評議員長)。創造工学研究所所長。アイティシィ㈱代表。

松波晴人(まつなみ　はるひと)　（執筆担当：第9章）
　大阪ガス行動観察研究所所長。大阪大学共創機構産学共創本部特任教授。博士(工学)。

國藤　進(くにふじ　すすむ)　（執筆担当：第10章）
　日本創造学会副評議員長(元会長・元理事長)。北陸先端科学技術大学院大学名誉
　教授。博士(工学)。

中川　徹(なかがわ　とおる)　（執筆担当：第11章）
　日本創造学会会員(元評議員)。大阪学院大学名誉教授。博士(理学)。

田村新吾(たむら　しんご)　（執筆担当：第12章）
　日本創造学会会長(元理事長)。㈱ワンダーワークス代表。

前野隆司(まえの　たかし)　（執筆担当：第13章）
　日本創造学会副会長(元副理事長)。慶應義塾大学教授。博士(工学)。

齊藤　誠(さいとう　まこと)　（執筆担当：第14章）
　日本創造学会会員(元評議員)。㈱創造開発研究所代表取締役社長。

豊田貞光(とよだ　さだみつ)　（執筆担当：第15章）
　日本創造学会副理事長。産業能率大学総合研究所主席研究員。博士(知識科学)。

河野龍太(こうの　りゅうた)　（執筆担当：第16章）
　多摩大学大学院教授。㈱インサイトリンク代表取締役。

安藤正行(あんどう　まさゆき)　（執筆担当：第17章）
　日本創造学会会員。Ba Lab代表。目的工学研究所事務局長。

実例で学ぶ創造技法

2020 年 1 月 29 日　第 1 刷発行

監　修　日本創造学会
編著者　髙橋　誠
発行人　戸羽　節文

発行所　株式会社 日科技連出版社
〒 151-0051　東京都渋谷区千駄ケ谷 5-15-5
DS ビル
電　話　出版　03-5379-1244
　　　　営業　03-5379-1238

検　印
省　略

Printed in Japan

印刷・製本　壮光舎印刷

© *Makoto Takahashi et al. 2020*
ISBN 978-4-8171-9688-0
URL https://www.juse-p.co.jp/

◆新編　創造力事典

高橋誠　編著／A5判、496頁、上製

【本書の特徴】

—あなた自身の自己実現のために
『創造力事典』を！—

　子供の「ゆとり教育」の開始と、大人の「ノーベル賞」の受賞は、いずれも日本人の創造性を再考させる、重大な転機となった。

　本書は、創造性とは何か、創造性をどのように育成するのか、創造を実現するための秘訣とは何か、どんな手順・方法で創造するのかなど、創造力を全方位でとらえることを目ざした。

　創造力は、けっして特別な才能ではない。誰もが持っている力である。後は、どうすれば発揮できるか、そのコツを手に入れるだけである。自己実現を目ざすあなたの「創造力開発のバイブル」として、ぜひ、本書をお手元に置いてほしい。

【主要目次】

第Ⅰ部　創造力とは何か

創造の定義と創造性の領域　　　　　　創造的思考とは何か

創造的思考と想像、そして直観とは　　創造的人格とは何か

創造的人材の発見と育成　　　　　　　創造性の発達

創造性教育のあり方　　　　　　　　　創造性を育てる社会の役割とは

創造活動の動機づけ　　　　　　　　　創造的問題解決の考え方

創造的問題解決のステップ　　　　　　創造的な組織づくり

創造革新を迫られている日本企業

★日科技連出版社の図書案内は、ホームページでご覧いただけます。●日科技連出版社
URL　https://www.juse-p.co.jp/

◆わかる！　できる！
図解　問題解決の技法
髙橋　誠　著／A5判、160頁、並製

【本書の特徴】
─仕事やプライベートのあらゆる問題に、
創造的な問題解決技法を活用しよう─

　本当に役に立つ問題解決技法を学ぶた
めには、「創造的な問題解決の体系的な
理解」が、まず必要です。

　このため、本書では、内外の創造性研
究の成果を活かしながら、創造的な問題
解決技法について、理論（創造学）と実践
（創造性開発）を網羅した体系的な内容を、
できるだけわかりやすく解説しています。

　本書では見開き2頁の左半分でビジネス
と創造性の関連などを論じつつ、右半分
で重要なポイントを徹底的に図解することで、よりいっそう読者の皆様が理解しや
すい内容にしました。

　やさしく体系的な本書を足掛かりにすることで、読者の皆様は、創造的な問題解
決技法を、職場から日常的な生活にいたるまで、ありとあらゆる問題の解決に活用
することができます。

【主要目次】

★日科技連出版社の図書案内は、ホームページでご覧いただけます。　●日科技連出版社
URL　https://www.juse-p.co.jp/